스타들의 스피치

To.

From

자기 분야에서 스타가 되고 싶은 사람들을 위한 말하기의 모든 것

스타들의 스피치

STAR'S SPEECH

배 정 희

다섯 개의 꼭지가
조화를 이루어야

살다보면 흔히 저지르는 두 가지 실수가 있다. 첫째는 아예 시
작하지 않는 것이고, 둘째는 끝까지 하지 않는 것이다.

_파울로 코엘료(브라질 작가)

요즘 젊은이들에게 연예계의 스타는 '꿈의 직업'으로 꼽힌
다. 너도나도 스타가 되고 싶어 안달이지만 사실 스타로 발탁
되고 대중의 인기를 누리려면 숱한 난관들과 치열한 경쟁을 뚫
어야 한다. 이 중에는 운이 좋아 붙기도 하고 불운으로 연속 낙
방하는 지망생들도 있다.

그러나 이것이 절대 '운'은 아니다. 오디션, 면접, 취업의 현
장, 나아가 직장에서의 회의와 프레젠테이션에 이르기까지 자
신을 드러낼 수 있는 비법이 확실히 있다. 운에 맡길 것이 아니
라 스스로 뽑힐 수 있도록 최선을 다해 노력하는 자만이 최후
의 승리자가 될 것이다. 이것은 자신의 삶에서 스타가 되고자

하는 사람들에게도 똑같이 해당되는 말이다.

"만일 신이 내게서 모든 것을 빼앗아 가면서 단 하나만 선택하라 하신다면, 나는 발표능력을 택하겠다. 왜냐하면 그것만 있으면 모든 것을 되찾을 수 있기 때문이다."

19세기 미국 정치가이자 언론인 다니엘 웹스터(Daniel Webster)가 한 말이다. 의견을 전달하여 사람의 마음을 움직이는 기술은 무한한 가치를 가지고 있다. 하지만 발표를 위해 파워포인트를 켜면 머릿속이 깜깜해진다. 어떻게 할 것인가?

이 책은 그 동안 말 잘하는 스타들이 가진 공통적인 '매력의 법칙'을 깨달은 후, 필자의 경험을 바탕으로 말 잘하는 비법을 다섯 가지로 제시했다.

엄습하는 긴장감을 어떻게 해결할 것인가(자신감), 눈보다 민감한 두 귀를 어떻게 붙들 것인가(목소리), 호감의 출발점인 비주얼 연출법은?(바디랭귀지), 콘텐츠를 어떻게 구성하

고 이야기하듯 풀어낼 것인가(스토리텔링), 예상치 못한 여러 상황에 어떻게 유연하게 대처할 것인가(상황대응력) 등 개인 브랜드 가치가 별처럼 빛나게 하기 위해 나도 스타가 될 수 있는 다섯 개의 꼭지가 조화를 이룰 수 있도록 배울 것이다.

필자는 부산에서 스피치지도사와 치료 레크리에이션 강사를 육성하는 전문가로 활동했다. 우연한 계기로 교도소에서 300여 명의 수인들을 대상으로 의식교육에 대한 첫 대중강의를 했는데, 기립박수를 받는 잭팟을 터뜨리는 바람에 본의 아니게(?) 산업 강사의 길로 들어섰다. 그 이후 25년 동안 전국의 관공서와 산업체, 대학 등을 누비며 전문직 여성으로서 후회 없이 일했다.

별은 우주에 떠 있는 반짝이는 물체다. 강력한 프레젠테이션 능력으로 당신의 미래를 바꿀 준비가 되었는가?

이 책은 주위 사람들에게 자신의 능력을 인정받아 스타가 되고 싶은 사람들에게 선물하는 실용서다. 또 일반 직장인과 팀장들, 리더, 뭔가 해내고 싶어 하는 의욕에 찬 젊은이들에게 발표의 중요성과 구체적인 방법을 손쉽게 배울 수 있도록 제시했다.

스피치 자신감 문제는 직면을 해서 해결하지 않으면 그대로 남는 것이며, 영원히 정신적인 성장과 발전에 장해가 된다. 스피치란 아무리 유능한 전문가에게 배워도 본인이 꼭 하고자 하는 열정이 없으면 효과가 없다. 본인이 꼭 하고자하는 열정만 있다면 이 책으로 충분히 말을 잘 할 수 있을 것이다. 자기 의견을 잘 전달하는 사람은 인생의 맨 앞줄에 나서게 되고 살아가면서 더욱 많은 보상을 받게 될 것이다.

이 책은 인생의 무대에서 넘버원이 되고자 하는 당신의 어깨에 튼튼한 날개가 되어 줄 것이다.

배 정 희

목차

contents

목차

contents

스타의
제1조건은
자신감

발표 자신감이란 감정조절능력이 있어, 무대공포로부터 자유로운 상태를 말한다. 울렁증이 심한 이들의 가장 큰 문제는 사람들과 자연스럽게 소통할 수 없다는데 있다. 사람들에게 편해지려면 어디서부터 어떻게 시작해야할까? 이 장에서는 발표 울렁증의 원인과 극복할 수 있는 구체적인 방법들을 알아 볼 것이다.

누구에게나 있는
스피치 공포

어떤 노인이 길가에 앉아있노라니까 페스트의 신이 지나가고 있었다. 노인은 페스트의 신에게 물었다.

"어디로 가십니까?"

"아랫마을에 가지요, 마을사람을 100명만 죽이려고 합니다."

소문은 삽시간에 번졌다. 그리고 며칠 후 그 마을에서는 1만 명의 사망자가 발생했다. 노인이 페스트의 신에게 따져 물었다.

"왜 거짓말을 했소? 100명만 죽이겠다고 해놓고서 만 명이나 죽게 하다니!"

"난 거짓말을 하지 않았습니다. 내가 죽인 것은 100명뿐입니다. 나머지 9천 9백 명은 모두 공포에 사로잡혀 제풀에 죽은 겁니다."

이렇듯 공포심은 인간을 수렁에 빠뜨리고 희망을 앗아간다. 사람을 황폐하게 만들기 때문에 결국엔 능력과 건강과 풍요라는 골든 볼을 잡으려는 것을 방해한다.

스피치 공포라 함은 '스피치를 하는 문제로 인해 고통 받을 것이라고 생각할 때 일어나는 정서적 반응'이라고 설명할 수 있다. 이러한 공포가 지나치면 심장발작이나 협심증 등의 증상을 일으키기도 한다.

필자는 모 사회단체 회장이 행사장에 운집한 많은 사람들 앞에서 운영사례 발표를 하던 중 혈압으로 쓰러져 죽었다는 이야기도 실제 들었다. '스피치 공포' 또는 '연단 공포증'이 빚어낸 불상사이다. 특별한 이야기를 하려고 마음먹은 것도 아니고, 또한 지식이 없는 것도 아닌데 많은 사람들 앞에만 서면 당황하고 떨리는 이유가 무엇일까?

그것은 병약한 사람들이 잘 아프듯 사람들 앞에 나설 때의 긴장에 대한 면역력이 약해서 빚어진 현상일 뿐이다.

"당신은 여러 사람 앞에서 스피치하기를 좋아합니까?"하고 물으면 십중팔구는, "아니오. 스피치는 딱 질색입니다"라는 대답이 나온다. "왜 당신은 스피치를 싫어하십니까?"하고 물으면, "사람들 앞에 서면 흥분하고 긴장이 되어서…"라고 대답한다.

요즘에야 스피치강습회가 자주 열리고, 필자가 강의하는 대학에서도 가장 먼저 마감이 되는 인기강좌가 되었다. 말하는 법을 공부하고 있다고 해도 누구 하나 고개를 갸웃거리는 사람이 없다.

하지만 예전에는 많은 오해를 불러일으키곤 했다.

"말하는 법을 배우러 다녀."

"영어? 아니면 불어?"

"아니, 우리말 말이야."

"아, 말더듬는 사람 교정하는 곳 말이지? 하지만 자네는 멀쩡하잖아? 멀쩡한 사람이 갑자기 왜 그런 학원을 다녀?"

하지만 시대는 늘 변하게 마련이다. 대충해서는 인정을 받지 못한다. 말을 잘하기 위해서는 잘하는 방법을 배우고 익혀야하는 시대이다. 커뮤니케이션 능력이 부족하고 유머지수가 낮은 리더는 갈수록 설자리가 좁아지기 때문이다.

말하는 문제에 콤플렉스가 있는 사람들의 공통점은 '남들처럼 자신 있게 말을 못한다'는 강박관념에 사로잡혀 스스로를 억압하고 있는 경우가 많다. 이런 사람들의 특징은 대개 다음과 같다.

– 얼굴이 빨개지고 가슴이 심하게 뛴다.

– 목소리가 떨리거나 낮고 가늘다.

– 정작 해야 할 말을 못한다.

– 말을 못한다는 정신적 고통에 시달린다.

– "죄송합니다."라는 말을 자주 사용한다.

발표불안의 원인

심리학자들의 연구에 따르면 대부분의 사람들은 자기를 낮게 평가하고 남을 높이 평가한다고 한다. 하지만 문제는 자기를 '지나치게' 낮게 평가하는데 문제가 있다. 스피치 공포 요인으로는 다음 몇 가지를 꼽을 수 있다.

- 자신이 좋은 사람이라고 남에게 평가되기를 지나치게 기대하기 때문이다.
- 표현하고 주장하는 학습이 안 되어 말하는 방법과 내용에 자신이 없기 때문이다.
- 부담스러운 청중이거나, 실패 경험이 있을 때이다.

발표 두려움은 대개 완벽이라는 기준을 너무 높게 잡는 데에서 발생하는 경우가 많다. 스스로 알고 있는 본인의 실력은 80점인데, 현장에서는 본능적으로 100점을 기대하게 되고, 그 기대하는 폭 만큼이 긴장감으로 작용하여 두뇌의 정보처리 속도를 줄인다. 해법은 무엇일까?

긴장의 원인은 좌뇌 작용에 있다. 우리는 실수를 저지르게 되면 흔히 '내가 지금 뭐하고 있는 거야.'라고 투덜거린다. 또는 테니스 경기를 하다 공이 밖으로 벗어나면 '나는 왜 이렇게 못해?'라며 한탄한다. 이는 누가 누구에게 하는 말일까?

그것은 논리적으로 생각하는 좌뇌가 묵묵히 행동하는 우뇌의 실수를 꾸짖는 말이다. 좌뇌와 우뇌라는 두 개의 대뇌반구는 모순된 형태로 항상 갈등을 반복한다. 우리들의 독백은 대부분 두 대뇌반구 사이의 갈등이다. 인간은 24시간동안 두 개의 뇌가 서로 대화하고 있다. 심지어 꿈속에서도 이야기한다고 한다.

노벨상 수상자 로저 스페리 박사는 '침묵의 두뇌'로 불리어온 좌뇌와 우뇌의 기능을 최초로 밝힌 사람이다. 그의 실험 결과 좌뇌는 이론이나 언어를 표현하고, 우뇌는 감각이나 느낌, 영상, 이미지를 표현한다는 사실이 밝혀졌다.

발표할 때 자기 스스로 잦은 피드백을 한다는 것은 좌뇌 중심적인 생활의 결과이다. 좌뇌는 경험을 정보로 하여 활동하는데, 과거에 발표하면서 실수한 적이 있다면, 그것을 좌뇌에서 받아들여 입력하게 된다. 이것이 반복적인 상황에서도 긴장을 하게 되는 큰 원인이다.

따라서 우뇌를 활성화시키는 가장 좋은 방법은 때에 따라 좌뇌를 활용하지 않는 것이다.

우리의 생활 중에 좌뇌 기능이 약화되는 때가 있다. 평소 하고 싶은 말이나 행동이 거리낌 없이 표출되는 순간이다. 직장 상사에 대한 불만이 거침없이 표현되고, 억눌렸던 감정이 자연스럽게 폭발한다. 하지만 이러한 말이나 행동이 대책 없이 나오기 때문에 대개는 후회를 동반하게 된다. 그러한 경우는 어느 때일까?

술에 취했을 때다. 허세가 심해지고 조심성이 줄어드는 대신 평소에 없던 용기가 솟아나기도 한다. 지각 있는 의식은 수면 상태이고, 무의식 본능만 활개를 치고 있는 시간이다.

머리가 아프면 두통약 한 알로 해결한다. 신체 특정 부위의 고통도 진통주사 한 대면 말끔해진다.

'인간은 정신의 동물인데, 그렇다면 알코올 힘을 빌리지 않더라도 발표무대에서 스스로에게 던지는 말이 좌뇌 기능을 통제할 수 있는 '마법의 언어'는 없을까?'

이것은 필자의 오랜 연구 주제였다. 좌뇌 기능을 일시적으로 OFF시킬 수 있는 명약! 발표현장에서 바로 써먹을 수 있는 효과만점의 긴장 해소책이 있다면 얼마나 좋을까? 그것은 바로 다음의 말 한 마디다.

"부족한 면도 보여주자!"

긴장의 원인은 완벽주의이다. 일에서는 완벽주의가 빛을 발할 수 있지만 인간관계에서는 오히려 해가 된다. 잡으려고 하면 아무 것도 얻을 수 없고, 놓으려고 하면 잡히는 경우가 많다. 부족한 면도 보여주자는 것은 필요 없는 힘을 빼자, 마음을 내려놓자는 것이다.

목소리가 떨릴 때, '목소리가 왜 이렇게 떨리지?', '긴장하고 있는 모습이 드러나면 안 되는데……'라고 조바심을 갖기보다 "우와~ 왜 이렇게 떨리죠?"라고 말해버리고 나면 사람들이 웃어준다. 적 나의 단점을 먼저 오픈시킴으로서 화자와 청자 사이의 벽이 일시에 허물어질 수 있다.

모든 약점들 가운데 가장 큰 약점은 약하다는 것을 두려워하는 것이다. 외야하면 모든 사람들이 너무나 많은 정보와 수평적 지식사회에 살고 있기 때문이다. 신이 아니고서야 완벽한 사람은 이 세상에 없지 않은가. 잘 숨기는 사람만 있을 뿐이다. 그러니 본인의 단점을, 너무 미워하지만 말고 나의 일부로 받아들여보라. 받아들이고 오픈시켜 버리면 단점이 이상하게 힘을 못 쓴다.

'부족한 면도 보여주자'라는 마음을 먹으면 두 가지 좋은 일이 생긴다. 마음이 편한 상태가 되므로 정신적인 에너지가 세 배 이상 강해져 창조적으로 활용될 수 있다. 또한 내가 먼저 마음의 가림막을 내리고 노출시킴으로 인해 청중과의 감성적 교감이 가능해지기도 한다.

나의 자긍심 지수는
얼마일까

다음 물음에 '항상 그렇다'는 3, '그럴 때가 많다'는 2, '약간 그렇다'는 1, '전혀 그런 적이 없다'는 0으로 표시해보라.(총 50 문항)

1 나는 사람을 대할 때 보통 열등의식을 느낀다	
2 나는 자신에 대해서 행복감을 느낀다	
3 나는 새로운 상황을 대하면 부담을 느낀다	
4 나는 만나는 사람들에게 따스함과 친근함을 느낀다	
5 나는 습관적으로 나의 잘못과 부족함을 자책한다	
6 나는 수치심이나 비난, 죄의식, 자책감을 갖지 않는다	
7 나는 나의 가치와 탁월함을 증명하려는 욕구가 강하다	
8 나는 삶에 대한 즐거움이 크다	
9 나는 남들이 나에 대해 생각하고 말하는 것에 신경을 많이 쓴다	
10 나는 남들이 잘못하는 것을 봐도 고쳐주려고 시도하지 않고 그냥 둘 수 있다	
11 나는 수용과 인정을 받으려는 욕구가 강하다	

12 나는 감정적 혼란이나 갈등, 좌절감을 거의 느끼지 않는다	
13 무엇에 지게 되면 화가 나고 허탈감이 든다	
14 나는 보통 새로운 일에 자신감을 가지고 참여한다	
15 나는 남을 자주 비판하고 처벌하려는 경향이 있다	
16 나는 대개 내 나름대로의 기준으로 결정한다	
17 나는 다른 사람의 능력이나, 돈 많은 상태, 특권을 보고 그 사람을 따르는 편이다	
18 나는 내 행동에 대한 책임을 자진해서 진다	
19 나는 내가 바라는 이미지를 유지하기 위하여 거짓말을 하고 과장하는 경향이 있다	
20 나는 내가 요구하거나 원하는 것을 쉽게 표현 할 수 있다	
21 나는 나의 재능, 가진 것, 성취한 것을 과소평가 하는 경향이 있다	
22 나는 내 의견이나 믿는 바를 말로 표현한다.	
23 나는 나의 잘못이나 실패를 변명하고 정당화하거나 부인하는 경향이 있다	
24 나는 보통 처음 만나는 사람들 가운데서도 편안하고 태연하다	
25 나는 다른 사람들을 비하하고 자주 비평하곤 한다	
26 나는 사랑과 노여움, 적대감, 미운 맘이나 즐거움을 잘 표현한다	
27 나는 다른 사람의 의견이나 평가에 대해 마음의 상처를 쉽게 받는다	
28 나는 시기하거나 질투하고 의심하는 일이 거의 없다	
29 나는 다른 사람을 즐겁게 하는 일을 잘한다	
30 나는 인종이나 지방색, 종교를 달리하는 사람에 대한 편견을 갖지 않는다	

30 나는 인종이나 지방색, 종교를 달리하는 사람에 대한 편견을 갖지 않는다	
31 나는 나의 참 모습이 드러나게 될까 두렵다	
32 나는 친절하고 자상하고 관대하다	
33 나는 나의 잘못인, 문제점, 모자라는 것을 남의 탓으로 돌리는 경향이 있다	
34 나는 점처럼 불편하거나, 외롭거나, 소외감을 느끼지 않는다	
35 나는 철저한 완벽주의자이다	
36 나는 칭찬이나 선물 같은 것을 부담감 없이 받을 수 있다	
37 나는 자주 먹고, 얘기하는 것을 강박적으로 하게 된다	
38 나는 다른 사람의 성공이나 아이디어를 고맙게 생각한다	
39 나는 실수나 실패에 대한 두려움 때문에 새로운 시도를 피하는 경향이 있다	
40 나는 많은 노력 없이도 친구를 사귀고 친분을 유지하는 편이다	
41 나는 내 가족이나 가까운 사람의 행동 때문에 자주 창피를 느끼고 당황한다	
42 나는 나의 잘못, 실패, 부족함을 진정으로 인정한다	
43 나는 나의 행동이나, 의견, 신념을 방어하려는 욕구가 강하다	
44 나는 의견차이나 거절을 당할 때 자존심이 상하지 않고 받아들인다	
45 나는 다른 사람의 확인이나 동의를 받으려는 욕구가 강하다	
46 나는 새로운 아이디어나 제안에 매우 개방된 사람이다	
47 나는 나의 가치를 남과 비교하여 판단하는 편이다	
48 나는 마음속에 떠오르는 어떤 생각이든지 자유롭게 생각한다	

49 나는 내 자신가 내가 성취한 일들을 자주 자랑한다	
50 나는 내 권리를 받아들이고 내가 옳다고 느끼는 대로 행동한다	

▨ 채점방법과 평가

> **짝수 문항 점수의 총 합산 – 홀수 문항 점수의 총 합산 = 자긍심 지수**
> (2, 4, 6 …) (1, 3, 5…)

　자긍심이란, 자신을 존중하는 심리상태로서 자신에 대하여 스스로가 내리는 주관적인 평가를 의미한다. 자긍심을 측정하는 검사에는 여러 종류가 있으나, 이 검사는 개인이 '자신을 있는 그대로 편안하게 수용하는 정도'를 측정한다. 따라서 사회적으로 능력을 인정받고 자부심이 있더라도 외부기준에 맞추어 성취하려고 스트레스를 받는 사람은 자긍심이 낮게 나올 수 있다. 자신을 '있는 그대로' 수용하는 자세를 갖는다면 발표자신감을 갖는데도 도움이 될 것이다.

　이 검사는 미국에서 만들어졌다. 미국 일반 대학생들의 자긍심 총점이 20점 정도였다고 한다.

▶ 점수가 마이너스거나 10점 이하

　자신에 대한 자긍심이 낮은 사람이다. 성취를 위한 자원이 부족하여 자신감이 떨어지는 경우도 있지만, 대부분은 성취의 기준이 외부에 있기 때문에 끊임없이 열등감에 시달리는 사람들이 많다.

- 이들은 자신이 이룬 성취에도 불구하고 자신을 의심하는 경향이 많다. 자신을 믿지 못하기 때문에 자연히 다른 사람의 평가에 민감하고 또 다른 사람의 단점에도 과잉 반응한다.

- 강압적인 부모 밑에서 자란 사람들의 경우에도 자긍심이 낮은 경우가 많다. 이들은 자신이 이룬 성취에 대한 자부심이 낮고 계속해서 외부의 평가에 휘둘리는 경향이 많다.

▶ 10점 ~ 20점 이하

대체로 자긍심이 있는 편이나 때때로 자신을 의심하는 경우가 있다. 자부심도 있지만 외부의 평가에서 아주 자유로운 것은 아닌 상태이다.

▶ 20점 이상

자신에 대한 자긍심이 많은 사람이다. 있는 그대로 자신을 받아들일 수 있는 사람이기 때문에 실수조차 인정하고 교훈을 찾아 잘 대처한다.

자아상이
표현력을 좌우한다

우리 주위에는 자신의 뜻을 제대로 표현하지 못하는 사람들이 의외로 많다. 그 사람들은 대개 나약하고 자신감 없는 태도로 말한다. 무엇이 그 사람들을 그렇게 만들었을까? 그것은 타고난 것이 아니라 성장하면서 환경과 주위 사람들에 의해 그렇게 길들여진 것이다.

우리나라 사람들은 자녀를 무척이나 사랑하지만, 사랑을 표현하는 법은 매우 서툴다. 그래서 자녀를 대하는 태도는 거의 훈육에 가깝다. 자녀의 의사나 처한 상황을 무시한 채 일방적인 판단으로 "~ 해라", "~ 하지 마라"라는 표현을 쓴다.

아이들의 뇌리에는 그렇게 반복되는 부모의 지시가 박혀 무의식중에 그대로 행동을 하게 된다. 이를테면, 부모가 권위주의적이어서 자녀를 지나칠 정도로 엄하게 대하고 억압할 경우, 부모의 말에 순순히 복종하는 착한 아이(?)가 되는 대신 능동적으로 행동하는 아이가 되기는 어렵다. 그리고 그런 태도에 익숙해지면, 어른이 된 후에도 수동적인 태도를 버리지 못하고 지나치게 남을 의식하는 사람이 되어 자유롭게 말을 하지 못하고 행동 또한 소극적이 된다.

사람들이 '나는 이런 사람이다.'라고 자신을 평가하는 자아상은 성장기에 겪었던 경험과 주위사람들의 평가를 근거로 형성된다. 특히 청소년들은 감수성이 예민하여 어른이 보기에 하잘것없는 조그마한 일에도 쉽게 마음이 동요된다.

"OO네 집 아들은 공부도 잘하는데 너는 왜 못해!", "OO는 하는데 너는 왜 못 해!"하며 부모가 친구를 빗대어 자식을 나무라서는 안 된다는 것이다. 아무리 의도가 좋다고 해도 부정적인 비교는 마음에 깊은 상처를 주기 때문이다. 이런 부정적 평가의 말을 반복해서 듣게 되면, 으레 '나는 그런 사람이야, 나는 할 수 없어.'라는 생각에 빠져 버리고 자신도 모르게 남보다 못났다는 열등의식을 갖게 된다. 이런 생각에 지배되면 모든 일에 자신감을 잃게 되고 당당하게 의사표현을 하거나 여러 사람들 앞에서 발표하는 것은 점점 더 힘들어진다.

어른의 경우도 마찬가지로 남과 비교하는 데서 문제가 생긴다. 친구 사이에도, 부부 사이에도 남과 비교해서 말하는 것은 상대방에게 부정적인 영향을 끼친다. "너는 왜 그렇게 소심하니?", "너는 할 수 없어.", "너는 안 돼." 이런 말들은 건전한 자아상의 형성을 막는 부정적인 말들이다.

얼마 전 삼성캐피탈에서 직원 5천명을 대상으로 실시했던 설문조사 결과 가장 듣고 싶은 말 1위는 "넌 역시 대단해!"였고, 가장 듣기 싫은 말 1위는 "넌 역시 도움이 안 돼!"였다.

말은 한 인간을 성장시키거나 파괴시키는 씨앗이 되기도 한다. 문제의 청소년 뒤에는 문제의 부모가 있다는 말이 있다. 청소년들을 칭찬하고 격려하고 인정해 줌으로써 긍정적인 측면을 더 강조해야 한다.

중요한 것은 내가 나 자신을 믿고 격려하는 자아상을 확립하는 일이다. 가슴속에 '나도 할 수 있다!'는 희망의 불꽃이 꺼지지 않는 한 인생에서 숱하게 닥치는 걸림돌도 얼마든지 넘어설 수 있는 에너지가 생긴다. 이렇게 보면 역시 인생의 패배자는 '실패자'가 아니라 '포기자'인 것이다.

사람들은 나에게
별로 관심이 없다

몇 해 전의 일이다. 시민강좌에서 필자의 강의를 듣고 난 40 대 남자 한 분이 정중하게 상담을 청했다. 직업은 교회 전도사 라고 했다. 자리를 잡고 앉자마자 자신의 문제에 대한 얘기를 털어놓기 시작했다.

사고로 인해 오른 손 검지가 절단되어 없어진 상태라고 했 다. 그러면서 끼고 있던 흰 장갑을 벗었다. 설교할 때 왼손으로 만 제스처를 해야 하는지, 아니면 지금처럼 장갑을 끼고 나서 는 게 좋은지, 전도사를 그만 둬야할지, 손가락 핸디캡의 정도 가 이만저만이 아니었다.

나의 첫 마디는 무엇이었을까?

"전도사님, 저는 전도사님의 손가락에 별로 관심이 없습니 다." 그러면서 말을 이었다. "방금 말씀을 듣고 나서도 별로 신경이 쓰이지 않네요. 그건 전도사님 입장에서 본 고민일 뿐 저는 별로 관심이 없다니까요. 이건 저만의 생각은 아닐 것입 니다."

사람들은 생각보다 상대에게 관심이 없다. 거울을 볼 땐 자신의 달라진 점이 눈에 들어오지만 친구의 얼굴을 보면서는 달라진 점을 잘 알아차리지 못한다. 내가 내 생각에 사로잡혀 있듯, 내 앞의 사람들도 모두 자기 생각에 골몰해 있는 것이다. 그러다가 자기에게 필요한 말이거나 흥미를 느낄만한 얘깃거리가 나올 때에만 귀를 기울이곤 한다.

신체적 결함이든 심리적 열등감이든 사람은 누구나 감추고 싶은 부분을 갖고 있다. 정도의 차이만 있을 뿐이다. 무대 위에 선 사람의 손가락에 지속적인 관심을 갖는 사람은 오직 당사자 한 사람 뿐, 본인이 괘념치 않으면 누구도 지속적인 관심을 두지 않는다. 당신은 어떤가?

우리는 사랑하고 있을 때 가장 상처받기가 쉽다. 기대감 때문이다. 인간관계에서 주도권은 무심한 사람이 쥐고 있다. 이 사실을 깨닫는 것이 긴장감 조절의 중요한 관문이다.

우리는 다른 사람들이 나를 주시하고 있다고 생각하지만 정작 우리를 보고 있는 것은 남이 아닌 바로 자기 자신이다. 마음속에 CCTV를 켜놓고 자신을 감시하고 있으면서도 다른 사람들이 자신을 주목하고 있다고 착각한다.

이러한 착각은 '조명효과'라고 하는 심리현상에서 비롯되었다. 연극무대에 선 주인공이 늘 스포트라이트를 받고 있는 것처럼, 자신도 조명을 받고 있다고 착각하면서 다른 사람들의 시선에 필요이상으로 신경을 쓰는 것이다.

코넬대학교의 토머스 길로비치 교수는 '조명효과'의 실험 결과, 내가 눈에 띄는 옷을 입고 거리에 나가면 50% 이상의 사람들이 나의 특이한 옷을 기억해줄 것이라고 생각했는데, 실제론 0.8%의 사람만이 기억을 했다고 한다. 1,000명 가운데 8명이다.

이제 우리는 마음속의 CCTV를 꺼버려야 한다. 나만 생각하고 있는 사람은 아무도 없기 때문이다. 바로 내가 나 자신만을 생각하고 있는 것처럼!

노벨문학상 수상작가인 버트런트 러셀도 제안했다.

'행복하려면 자신에 대해 무관심해져라.'

세상의 중심에서 자신을 조용히 내려놓는다면 사소한 것에 목숨을 거는 어리석은 일은 지금보다 훨씬 줄어들 것이다. 남을 의식할수록 나는 의식을 잃는다. 다른 사람에게 좋은 인상을 주는 최선의 방법, 그것은 의식적으로 좋은 인상을 주려고 노력하지 않는 것이다.

60%만
긴장하라

의식적으로 좋은 인상을 주지 않기 위한 전략은 '60%만 긴장하기'이다. 이것은 스포츠 심리학에서 나온 얘기이다. 경기에 임하는 선수가 60% 이상 긴장을 하면 근육이 굳어 제 기량이 발휘되기 힘들고, 그 이하로 떨어지면 집중이 되지 않아 실수를 유발하게 된다는 데서 나온 수치이다. 마음의 안정을 위해서는 욕망수준과 기대수준의 조화가 필요하다.

60%만 긴장하기의 해법은 '80점에 만족하기'이다. 긴장상태에서 80% 정도 실력이 발휘되었다면 그 발표는 성공한 것이라고 자위하는 것이다. 스스로에 대한 반성은 다음의 지침이 되기 때문에 열등한 마음을 가질 필요는 없다.

사랑과 인정의 욕구는 제2의 본능이다. 따라서 누구나 그와 같은 욕구충족에 목말라한다. 문제는 그 정도가 심해지는 것이다. 그럴 땐 남들이 나를 어떻게 생각하는지에만 촉각이 곤두선다. 하지만 이상하게 내 편에서 매달리는 일일수록 더 마음대로 안 된다. 자연스럽게 보이고 싶다는 욕망만큼 자연스러움을 방해하는 것도 없으니까.

모든 사람들에게 호감을 얻어야만 매력적인 사람이 되는 건 아니다. 나를 싫어하는 사람도 있기 마련이다. 나폴레옹도 "자기가 할 수 있는 모든 것을 하는 것은 인간이 되는 것이요, 자기가 하고 싶은 모든 것을 하는 것은 신이 되는 것"이라고 설파했다. 매 번 100점은 신의 영역이 아닐까?

주눅은 또 다른 실수를 낳는 법. 80점에 만족하면 작은 성취감이 모여 큰 성취로 이어질 수 있다. 하지만 매 번 100점만 기대하다보면 좌절이 거듭되어 결국엔 포기하고 만다. 성공의 반대말은 실패가 아니라 좌절, 포기이다.

성공의 씨앗은 누구나 갖고 있는데, 썩지만 않았다면 때에 이르러 싹이 나기 마련이다. 명강사, 명 연설가, 최고의 프레젠터는 태어나는 것이 아니라 반복되는 실수와 불만족과 자괴감을 겪는 과정을 통해 만들어지는 것이라는 사실을 잊지 말자. 80점에 만족하고 한 번 나설 때마다 한가지씩만 깨닫는다는 마음으로 임하라. 기대와 설렘으로 다음 기회를 기다리게 될 것이다.

여기서 팁 하나. 순서를 기다리며 발표를 해야 하는 상황이 있다. 긴장감을 가장 크게 느낄 때는 바로 이러한 경우가 아닐까?

이 때 발표불안이나 긴장감을 누그러뜨릴 수 있는 쉬운 방법이 있다. 그것은 바로 자신처럼 발표 순서를 기다리고 있는 다른 사람들을 관찰하는 것이다.

혀로 입술을 적시거나, 어깨를 움츠리거나, 눈동자가 안정되어 있지 못하는 등 다양한 모습들이 눈에 들어 올 것이다. 마음 속으로 생각한다.

'아하! 나만 긴장하고 있는 것은 아니로군!'

그 순간 관찰자 입장이 되며 자신의 내부에서 솟아나는 감정을 묵묵히 쳐다 볼 수가 있게 된다. 뒷자리에 편안히 앉아 앞자리에 있는 운전수를 물끄러미 쳐다보는 입장이 되는 것이다.

작가 프란츠 카프카도 '고향을 알기 위해서는 타향으로 가야한다'고 하지 않았는가. 일상적인 생활에서 육체를 움직이려면, 마음으로부터 어떤 명령이 하달되어야 가능하다. 자동차(육체)를 실제적으로 운전하는 운전수 즉, 마음(감정)을 조절하는 것이다. 그리하면 폭주하는 감정의 열차에서 하차하여 감정의 광란에서 벗어날 수가 있으며, 결과적으로 조삼모사하게 변화하는 감정에 수반되는 부작용을 최소화할 수 있다.

무서운 영화를 볼 때도 마찬가지이다. 공포나 조바심에서 벗어날 수 있는 좋은 방법은 감독의 눈으로 영화를 평가하는 것이다.

'저런, 연기자의 표정이 약간 어색해!'

'저 장면에선 죽은 사람에게 묻혀놓은 핏자국의 선명도가 떨어지잖아!'

바둑이나 고스톱 판을 떠올려 보라. 선수는 어렵지만 훈수는 쉬운 이유가 무엇인가. 한 걸음만 떨어져서 자신을 관조할 수 있다면 게임에 임하는 당사자에게는 안 보이는 다양한 수가 보인다. 이것이 바로 객관화의 힘이다.

혼자서도 가능한
배짱훈련 방법

　　심리학자들은 "목소리를 크게 낼수록 마음이 움직이고, 이는 곧 태도의 변화로 연결된다."며 "목소리가 커지면 결국 성격도 달라진다."고 주장한다. 평상시 보다 큰 목소리로 떠들고 나면 가슴도 후련해진다. 지금부터 사람들이 가득한 지하철 공간에서 많은 사람들에게 외친다는 생각으로 크게 소리 내어 읽어 보라.

여러분! 안녕하십니까?

저의 이름은 Ⅴ 000 입니다.

여러분 앞에서 Ⅴ 이렇게 인사드릴 기회를 갖게 되어 Ⅴ 정말로 영광스럽습니다.

저는 / 많은 사람들 앞에 나서면 Ⅴ 얼굴이 붉어지고, / 간이 콩알만 해지며, / 음성이 떨리는 경우도 있습니다.

남 앞에 나서는 것을 Ⅴ 두려워하고 자꾸 피하다 보니 / 제 자신이 Ⅴ 못나게 생각될 뿐만 아니라 / 모든 일에 Ⅴ 소극적이 되어 가는 것을 느꼈습니다.

평생 이렇게 살아가야 하는가?

언제까지 뒤로만 나앉아 있을 것인가?

여러분!

하고 싶은 얘기가 있는데도 / 막연한 두려움 때문에 ∨ 나서지 못하는 고민을 겪어보셨습니까?

알코올 힘을 빌리고 / 때로는 / 우황청심환까지 동원해야 하는 ∨ 고통을 아십니까?

하지만 저는 / 술이 말하는 것이 아니라 / 인간 000(이)가 말하는 ∨ 당당한 사람이 되고 싶었고, / 약 먹고 진정시키는 가슴이 아니라 / 용기와 자신감으로 나설 수 있는 ∨ 배짱 있는 사람이 되고 싶었습니다.

생각만 해오다가 / 오늘 드디어 이렇게 나서보았습니다.

오늘 이 자리는 / 진짜 나의 모습을 찾아 떠나는 ∨ 첫날입니다.

여러분!

뜨거운 ∨ 축하의 박수한 번 보내주시지 않겠습니까?

감사합니다.

큰 소리로 말하고 나니 ∨ 막혔던 가슴이 터졌습니다.

사우나를 하고 나온 것 보다 ∨ 몇 배나 상쾌한 기분이 되었습니다.

앞으로 ∨ 사람들 앞에 나설 일이 있을 때는 / 뒤로 물러서지 않겠습니다.

많은 사람들이 모이는 자리에서는 / 항상 V 맨 앞자리에 앉도록 노력하겠습니다.

나 자신에 대한 비판을 중지하고 / 미리 염려하지 않도록 하겠습니다.

무엇이든 소리를 내어 연습할 때는 / 보통 때보다 더 큰 목소리로 말하고 V 자신 있는 사람처럼 행동하겠습니다.

지혜는 들어서 얻고 / 기회는 표현해야 생긴다고 하지 않습니까?

내가 알고 있는 것을 / 다른 사람에게 이해시키고 V 설득해낼 수 있는 능력이 부족하다면 / 모르고 있는 것과 무엇이 다르겠습니까?

말 잘하는 사람은 V 인생의 맨 앞줄에 나서게 되고, / 살아가면서 V 더욱 많은 보상을 받게 될 것입니다.

우리 모두 한 번뿐인 인생, / 제대로 표현하며 멋지게 살아봅시다.

(크게) 아자 아자 아자! / 나는 해내고야 말겠다!

(더 크게) 한다 해놓고 중단하면 V 나는 사람이 아니다!

끝까지 들어주신 여러분, 대단히 감사합니다.

첫 발표의 중요성

'권투에서의 승부는 최초의 눈싸움에서 결정 난다.'는 말이 있듯이, 발표의 성패는 발표자의 자신감이 결정한다. 자신감을 상실한 발표자는 눈싸움에서 전의를 상실해버린 권투선수와 같아서 아무리 좋은 내용을 준비했다 하더라도 실력을 제대로 발휘할 수가 없다. 그런데 중요한 것은 첫 단추를 끼우는 일이다.

얼마 전 필자의 〈스피치리더십과정〉에 등록한 30대 A씨는 첫 강의 시간에 자기 발표순서가 임박해오자 황급히 강의실에서 빠져나가더니 들어오질 못했다.

역시 40대 B씨는 순서에 의해 발표할 차례가 되었는데도 고개만 가로 저으며 자리에서 꿈쩍하지 않아 많은 동료 수강생들에게 웃음을 선사(?)했다.

두 경우 모두 '첫 발표경험'을 어렵고 두렵게 생각하여 나타난 행동들이다.

연단 경험이 별로 없는 사람으로서는 처음 나설 때 전신이 오들오들 떨리는 것이 정상이다. 첫날밤을 맞이한 신부의 마음과 다름이 없다. 심장이 쿵쿵 뛰는 소리를 자기가 들을 수 있을 정도이며, 입술이 타고 목이 마르는 긴장감을 맛보게 된다. 자기만 그렇거니 생각하겠지만, 연단에 선 사람들을 유심히 살펴보면 대부분 다 그렇게 떨고 있음을 알 수 있다.

또 이러한 초보자의 관문이 지나도 일정기간 긴장에 따르는 두려움이나 공포는 쉽게 사라지지 않는다. 하지만 누구에게나 처음은 다 있다.

필자가 격은 스피치 공포는 지금 생각을 해봐도 부끄럽고 기가 막히는 일이다.

저는 결혼을 직업군인인 육군 대위와 결혼을 했다. 강원도 철원에서 남편이 독립포대 포대장으로 근무를 할 때였는데 추석에 120명되는 장병들과 하사관 가족들과 한자리에 모여 노래자랑도 하고 또 가족들끼리 인사도 나누는 자리에 포대장 사모님이라고 소개를 하고 앞에 나와서 인사말과 노래까지 한곡 하라는 것이었다.

나는 그 소리를 듣는 순간부터 그냥 떨리기 시작하더니 앞에 나가서는 고개만 끄떡하고 내려가려는데 박수를 치고 소리를 지르며 인사말과 노래를 하라는 것이다. 나는 눈앞이 캄캄하고 입에 재갈을 물린 것처럼 결국 한마디도 못하고 그냥 내려와 집으로 도망을 쳤다.

남편이 당신 바보냐고 핀잔을 하던 생각이 지금도 잊을 수가 없다.

모든 일은 망설이는 것보다 불완전할 때 시작하는 것이 한 걸음 앞서는 길이다. 문제는 첫 경험을 피하다보면 다음 발표 기회에서는 이전보다 더 큰 용기를 필요로 한다는 것이다.

　　스피치 공포의 원인과 대책에 대해 알았다하더라도 첫 발표 때만큼은 그다지 도움이 안 될 수도 있다. 왜냐하면 해보지 않았던 일을 시도하는 데는 보다 많은 에너지가 필요하기 때문이다. 자동차가 출발할 때, 그리고 비행기가 이륙할 때 가장 많은 연료가 소모되지 않은가. 따라서 첫 발표 때 견딜 수 없는 긴장과 두려움은 누구에게나 다 있다는 사실을 인식하고 출발해야 한다.

　　사실 발표를 잘하고 못하는 것은 자동차 운전과 비슷하다. 태어날 때부터 운전을 배워가지고 나온 사람이 어디 있는가. 운전 학원을 다니거나 코치를 정해 기능을 익히고, 기술을 습득하기 위한 숱한 반복연습을 했을 때 비로소 운전의 기초가 잡힌다. 게다가 면허증을 땄다고 해서 당장에 노련한 드라이버가 되는 것은 아니다. 계속적인 반복 연습, 시행착오, 경험이 쌓여야 한다.

　　"모든 스타들의 연설도 처음에는 형편없는 연설가였다."는 에머슨의 말처럼, 아무리 뛰어난 연설가라도 선천적으로 능숙했던 것은 아니며, 부단한 노력과 연습의 결과였다.

　　필자는 오랜 동안의 스피치 트레이닝 경험을 통해 누구나 '첫 발표경험'만 하고 나면 그 다음부터는 한결 쉽게 적응해나가는 경우를 수없이 보아왔다. 여러 사람 앞에서 말을 잘하는 사람이 되기 위해선 무엇보다 도전의식이 필요하다. 한번 도전한 사람은 다음 도전을 설렘으로 기다린다. 이런 사람에게 성공이냐 실패냐는 그다지 중요하지 않다. 도전 자체가 아름다운 삶이기 때문이다.

헬렌켈러는 다음과 같이 말했다.

"삶은 모험을 빼면 아무것도 남지 않는다."

두려운 것이 있는가? 그렇다면 회피하려 애쓰지 말라. 두려움을 피하기 위해 바람이 부는 대로 쏠리지 말라. 모든 인간은 두려운 문제에 정면으로 맞설 것인지 아니면 꽁무니를 뺄 것인지 결정해야 한다.

우리는 어떤 두려움이든, 그것을 통제하고 다스릴 수 있다. 신경에너지는 우리에게 유익한 것이다. 어디에서건 나설 기회가 있으면 망설이지 말고 과감히 나서 보라. 눈앞이 캄캄하고 등줄기엔 식은땀이 흐를 수도 있다. 다리가 후들거리고 목소리가 떨려 무슨 말을 하고 있는지 자각조차 안 될 수도 있다.

스피치과정 수강생들처럼 '첫 경험'의 증상은 누구나 똑같았다.

매사가 그렇듯 스피치 역시 경험이 곧 스승이다.

당신의 인생에 어떠한 문제, 어떤 핸디캡이 있다 해도 결코 회피하지 말고 단단히 맞서 싸우라.

당신이 회피하면 할수록 그 문제는 점점 커지지만, 용감하게 맞서 싸우게 되면 핸디캡은 점점 작아지게 된다. 나아가 당신의 인생에 동반자가 되며 드디어 당신은 그 핸디캡 때문에 정상에 올라설 수 있는 능력을 가졌음을 깨닫게 될 것이다.

우리내부에 있는 어떤 것이 외부에 있는 것보다 중요하다고 믿지 않는 사람에게는 어떤 성취도 주어지지 않는다. '남들이 하였다면 나도 할 수 있다!'는 자신감을 갖는 것, 그것이 발표를 잘할 수 있는 첫걸음이다.

한계를 돌파하면
갑자기 도약한다

등반의 베테랑은 등반하다가 도중에 내려온 경험이 많은 사람이다. 판매의 세계에서 영업의 베테랑은 방문해서 거절당한 경험이 많은 사람이다. 내공은 한 번 실패할 때 마다 하나씩 쌓인다. 벤자민 프랭클린은 다음과 같이 말했다.

"당신은 혹시 일하는 석공을 자세히 관찰해 본 적이 있는가? 석공은 아마 똑같은 자리를 백번은 족히 두드릴 것이다. 갈라질 징조가 보이지 않더라도 말이다. 하지만 백한 번째, 망치로 내리치면 돌은 갑자기 두 조각으로 갈라지고 만다. 이는 한 번의 망치질 때문이 아니라 바로 그 마지막 한번이 있기 전까지 내리쳤던 백번의 망치질이 있었기 때문이다."

영어듣기 공부를 해본 사람이라면 아무리 해도 듣기실력이 좀처럼 늘지 않는 경험을 한 적이 있을 것이다. 아는 단어 몇 개는 귀에 들어오지만 왜 그리 모르는 말투성이인가?

그러나 끈질기게 듣기를 계속하다보면 빠르게 느껴졌던 말이 어느 순간 갑자기 느려지는 느낌이 올 때가 있다. 그러면서 내용이 머릿속에 쏙쏙 들어오는 기쁨을 맛보게 된다.

연구자들에 따르면 어학공부에 대한 기쁨을 맛보기까지 축적된 시간은 대략 3천 시간 정도라고 한다. 3천 시간은 8시간 곱하기 375일이다. 이 시간이 영어가 들리고 아니고를 가름하는 임계점인 것이다.

스피치는 바둑과 같다. 단계가 있다. 노력이 실제 성과로 꽃을 피우기 위해서는 임계점을 넘어야 한다.

임계점을 넘으면 커다란 변화가 일어난다. 가속도가 붙는 것이다. 그림으로 그리면 완만하게 상승하던 곡선이 급상승 커브로 바뀌는 것이다. 부자가 되는 과정에서 5천만원 종자돈 모으는 게 힘들지 그 이후는 그 종자돈으로 훨씬 더 수월하게 부를 축적해갈 수 있는 것과 마찬가지이다.

"타인에게 배운 진리는 그저 몸에 살짝 붙어 있지만, 스스로 발견한 진리는 몸의 일부가 된다."는 코칭 전문가 '로망 구넬'의 말은 진리이다. 자기계발 전문가 브라이언 트레이시의 말도 흥미롭다.

"처음 80% 시간동안 우리는 목표의 20%밖에 거리를 좁히지 못한다. 그러나 꾸준히 계속한다면 마지막 80%의 거리를 시간의 20%만 써서 좁힐 수 있다."

펜실베니아 주립대 교수가 체조선수들을 연구한 결과 뛰어난 선수들은 두 가지 특징이 있었다.

첫째, 완벽주의자가 아니다.

둘째, 실수를 마음에 오래 담아두지 않는다.

실수엔 1회성 실수가 있고 반복실수가 있다. 열 번을 연습해도 열 번의 경험을 쌓지 못하고, 열 번 반복되는 1번의 경험만 쌓아서는 발전이 없다. 실수했을 때의 태도가 중요한 이유이다.

📢 실수 대처법 3단계

- 실수를 인정하기
- 실수로부터 배우기
- 같은 실수를 반복하지 않기

이론이나 지식은 이해의 과정을 거쳐 숙성이 된다. 숙성이 행동과 만날 때 나름의 견해가 생기고 깨달음이 온다. 이를 통찰이라 부른다. 실수하면 조금 배울 수 있고, 실패하면 많은 것을 배울 수 있다. 실수, 실패가 거듭되다 보면 "태산같이 높은 지식도 티끌 같은 깨달음 한 번에 무너진다."는 소설가 이외수의 말에 무릎을 칠 날이 올 것이다. 거장은 기술이 아닌 열정 때문에 위대하다. 끝까지 하면 프로다.

열정은 최고의 경쟁력

다음은 앤디 앤드루스의 〈폰더씨의 위대한 하루〉라는 책에 나오는 말이다.

"그래요. 열정이 있어야 합니다. 열정은 마음의 산물입니다. 열정은 멋진 꿈을 가진 사람을 도와주는 힘입니다. 열정은 확신을 낳고 평범한 사람을 뛰어난 사람으로 만들어 줍니다. 당신에게 열정이 있으면 다른 사람들도 그 열정에 감화되어 당신의 꿈을 실현하는 일에 도움을 줍니다. 열정만 있으면 이 세상에서 극복하지 못할 일이 없습니다. 그 누구도 당신의 행동을 멈추지 못합니다."

사람에게 신체 에너지 보다 더 큰 동력이 바로 열정이다. 열정은 지루한 일상을 살고 있는 사람에게 활력을 주며, 평소 알지 못했던 새로운 삶으로 가게 하는 힘이다. 열정엔 나이가 없고, 학력도 없으며 아무리 많이 써도 마르지 않는 샘물과 같다.

세계최고의 부자 빌게이츠는 "지구촌 모든 책상 위에 개인용 컴퓨터를 놓고 쓰게 하겠다."는 열정을 갖고 사업을 시작했고, 코카콜라의 전 회장인 고이쥬에타 회장은 "나의 혈관에는 피가 아닌 코카콜라가 흐르고 있다!"면서 세계인들에게 코카콜라를 마시게 하겠다는 열정을 갖고 일했기에 세계적인 브랜드로 키워낼 수 있었다.

열정과 성공은 직접적인 상관관계가 있다.

2002년 노벨 화학상을 받은 일본인 다나까 고이치는 학사 출신으로 노벨 화학상을 받은 유일한 인물이다. 수상 배경은 바로 그의 연구에 대한 넘치는 에너지와 열정이었다. 또 멕킨지 경영 컨설팅이 밝힌 미국 최고로 꼽히는 기업들의 공통적인 직원채용 기준 3가지가 있는데 그것은 바로 "열정적인가, 호기심이 많은가, 자신감이 넘치면서도 겸손한가"하는 것이다.

열정적인 사람이 될 수 있는 몇 가지 방법을 알아보자.

첫째, 무엇이든 할 수 있다고 생각하고 적극적으로 기대하라.

둘째, 적극적으로 상상하라.

이것은 그림이나 글로 시각화하면 더욱 효과적이다. 잠들기 전에 항상 자신의 모습을 현재 진행형으로 그려보며 잠재의식에 성공의 텔레파시를 전하여 보는 것이다.

셋째, 긍정적이고 적극적인 말을 해야 한다. 정신분석학자 프로이드는 "아무리 어려운 꿈도 3천 번만 외치면 이루어진다."고 하지 않았는가? 말에는 뇌의 98%가 말의 지배를 받을 정도의 각인력이 있고, 행동을 유발하는 힘인 견인력, 그리고 "나는 최고의 성공자가 되겠다!"고 외치면 이루어지게 해주는 성취력이 있기 때문이다.

헬렌 켈러는 말했다.

"장님보다 더 불쌍한 사람은 목표가 없는 사람이다. 태양을 보고 사는 한 어둠은 결코 볼 수 없다. 나는 일생을 태양을 보고서 살았다. 결코 어둠을 볼 여가가 없었다." 그렇다. 하늘의 별을 따느냐 못 따느냐는 것이 문제가 아니라 문제는 별을 따려고 생각을 하지 않는데 있다.

신이 인간에게 준 3가지 액체가 있다고 한다. 그것은 바로 노력의 상징인 땀과, 정성의 상징인 눈물, 그리고 용기의 상징인 피이다. 내 자신을 위해서 땀을 흘리고 팀원들과 이웃을 위해 눈물을 흘리고 조국을 위해서 피를 흘릴 줄 아는 용기, 세 가지 액체를 흠뻑 쏟아 부을 수 있는 사람만이 열정적인 사람이 된다.

"나는 열정적인 사람이다!"라고 외치며 그 열정을 채워 세상의 빛이 되겠다는 생각으로 일해 보라. 그러한 신념은 기적을 만들고 그러한 훈련은 스타를 탄생시킬 수도 있다. 맥아더는 말하길, "사람은 신념과 더불어 젊어지지만 공포와 더불어 늙어간다."고 했다. 다음 짧은 문장을 소리 내어 외쳐 보라. 외쳐대면서 당신의 열정을 확인해 보라.

"나에게는 할 수 있다는 의지가 있다!"

"나에게는 하면 된다는 신념이 있다!"

"나에게는 해야한다는 사명이 있다!"

"나는 내 인생에 위대한 역사를 창조하는 운명의 주인공이다!"

"나 (　　　　)은 오늘을 태워 내일을 밝히는 사람, 자신감과 열정을 가진 스타가 될것이다!"

성공은
포기하지 않는 자의 것

콜롬버스가 아메리카 대륙을 발견하고 고국에 돌아 왔을 때, 많은 주위 사람들이 시기하고 질투하며 말했다.

"우리도 그런 일쯤은 할 수 있다구!"

유명한 콜롬버스와 계란 이야기는 이렇게 시작된다. 사람들이 계란을 세우려고 노력했지만 이내 실패하자 콜롬버스는 계란의 밑 부분을 깨뜨리고 보란 듯이 세웠다. 그러자 사람들이 다시 하는 말, "그렇게 밑 부분을 깨뜨려서는 우리도 세울 수 있어!"

문제는 먼저 시도하는 것이다. 누군가가 한 다음에는 쉬운 일이기 때문이다.

21세기 빠르게 변화하는 시대에 우리가 가져야하는 가장 강력한 무기는 무엇일까? 그것은 바로 자신감이다. 이 글을 읽고 있는 당신은 얼마나 강한 자신감을 갖고 사는가?

사람들은 누구나 나름대로 자신감을 갖고 싶어 한다. 하지만 자신감은 바라기만 한다고 해서 그냥 가져지는 것은 아니다.

자신감은 내가 나 자신을 이길 때 나오는 것이다. 그리고 콜롬 버스처럼 할 수 있다고 생각하고 행동으로 옮긴 사람들에게 오는 선물이다.

우수한 사람이어서 자신감을 갖게 되는지 자신감이 있기 때문에 우수한 사람이 된 것인지는 알 수 없지만 성공자의 공통적 자질에는 자신감이 있다. 물론 자신감은 허무맹랑한 야망도 아니고 거만한 태도도 아닌 새로운 아이디어와 변화를 받아들이는 개방적 태도를 지칭한다.

무수한 기회를 자기 것으로 만든 사람은 먼저 도전했던 사람들이었다. 적극적으로 행동하면 적극적인 사람이 되고, 자신 있게 행동하면 자신감 있는 사람이 된다. 반복하지만 문제는 포기하지 않는 자세이다.

노벨 문학상을 수상하고 정치가로서 영국에 희망을 안겨줬던 윈스턴 처칠 경이 옥스퍼드 대학교에서 졸업생들을 대상으로 연설을 해달라는 부탁을 받고 참석하게 되었다. 이윽고 그의 순서가 되어 무대 위로 올라가 마이크 앞에 선 처칠은 좌중을 둘러보다가 무겁게 입을 열었다.

"젊은이들이여. 포기하지 말라!"

그러고 나서 한참동안 침묵의 시간이 흘렀다. 많은 졸업생들과 학교 관계자, 그리고 참관했던 학부모들은 그의 다음 말을 기다렸다. 이윽고 다시 입을 열어,

"절대로 포기하지 말라!"

그의 연설은 이걸로 끝이었다. 유유히 마이크 앞을 떠나는 처칠을 보며 한참동안 멍하니 있던 수많은 참석자들은 나중에야 우레와 같은 박수갈채를 보냈다.

성공은 누구의 것인가? 포기하지 않는 자의 것이다. 그리고 실패는 포기한 자의 것이다. 나의 사업, 운동, 내가 극복해야할 스피치 공부를 성공하겠다고 마음먹었다면 절대로 포기하지 말자.

스피노자는 '나는 할 수 없다고 생각하는 동안 그것을 하기 싫다고 다짐하고 있는 것이다. 그러므로 그것은 실행되지 않는다.'고 했다. 크게 성공하여 이 세계를 이끈 스타들은 그 재능이 비범했다기보다는 자신감이 강하고 뜻을 높은데 두고 꾸준히 매진한 사람들이었다.

자신감은 뇌 기능에도 영향을 미친다. 2003년 11월 20일 〈비비시 방송〉은 캐나다 몬트리올 맥길대학의 여성과학자 소니아 루피앵 박사의 런던왕립학술회의 발표를 인용해 "자신감이 없는 사람은 늙어가면서 기억력이 감퇴하기 쉽다."고 보도했다. 루피앵은 15년에 걸쳐 노인 92명의 뇌기능을 조사한 결과 "자신감이 결여된 사람들이 자부심이 강한 사람들에 비해 뇌의 크기가 약 20%나 작고 기억과 학습기능도 크게 떨어지는 것으로 나타났다."고 밝혔다.

그러나 그는 "부정적인 마음을 가진 이들도 심리치료와 긍정적 사고로 떨어진 뇌 기능을 회복할 수 있다"며 "동물과 인간

실험 결과가 이를 보여준다"고 말했다. 또 그는 "나이가 먹을수록 기억력이 저하한다는 불안한 고정관념이 뇌 기능 저하로 이어진다"면서 "'까먹는 것이 정상'이라고 믿는다면 기억력회복은 어렵다"고 지적했다.

"하면 된다. 할 수 있다. 꼭 해내고야 만다." 스스로 이러한 믿음을 가질 때 자신 있는 인생을 살아갈 수 있다. 대담함 속에는 천재성과 힘, 그리고 마력이 있기 때문이다.

흔히들 고객만족, 고객 감동이라는 말을 많이 사용하지만 자기 자신을 감동시킬 수 있는 사람은 얼마나 될까? 많은 사람들이 자기 자신의 능력을 발견하지 못하기 때문에 자신감을 상실하고 있는 건 아닐까?

매일 아침 거울을 보면서 외쳐보자.

"나는 건강한 사람이다. 나는 정말 멋진 사람이야! 나는 이 세상에 꼭 필요한 사람이다!"

정말로 소리 내어 외쳐 보라. 재능이란 자기 자신을, 자신의 힘을 믿는 일이다. 자기 확신이 설 때 스스로 자신에게 감동을 할 수 있다. 그리고 그러한 자신감은 지금 현재 내가하고 있는 일을 기분 좋게, 재미있게 할 수 있도록 해준다.

미국의 제28대 윌슨 대통령이 말하기를 "모두가 자신의 꿈을 키우고 있지만 인생의 모진 바람이 불어오면 절대 다수는 가슴에 품었던 꿈을 포기하게 된다. 오로지 험난한 인생길에서 꿈을 보호하고 길러 가는 극소수만이 그 꿈을 실현할 수 있게 된다.”고 했다.

우리는 인생을 살아가면서 누구나 위기와 고난을 맞게 된다. 그것을 극복하는 유일한 방법은 해내고야 말겠다는 자신감과 신념으로 나의 강한 의지를 길러나가야 한다. 결국 문제는 어려움과 두려움이라는 것은 없애는 것이 아니라 내 자신의 강한 의지로서 극복해 나가야한다는 것이다.

많은 사람들이 자신감을 상실하는 이유는 자기 스스로 한계를 정하기 때문이다. 새가 알을 깨고 세상에 나오듯이 한계를 극복하는 그 순간 새로운 세상이 열린다는 것을 모르는 사람들이다.

조류학자가 길을 가다가 양계장을 지나치게 되었는데, 닭장 속에 있는 갇혀 있는 독수리 한 마리를 발견했다. 나그네가 의아하여 묻자 주인이 대답했다.

“어렸을 때부터 닭장에서 병아리와 함께 컸기 때문에 저 독수리도 자기를 닭으로 알고 있을 것입니다.”

호기심이 생긴 조류학자는 뭔가를 생각하더니 값을 치르고 그 독수리를 샀다. 그리고 끝이 보이지 않을 정도로 까마득히 높은 절벽 위로 올라가 주저 없이 독수리를 아래로 힘껏 던져 버렸다.

자, 과연 절벽 아래로 던져진 독수리는 하늘로 비상했을까, 아니면 ‘꼬꼬댁’하고 땅바닥에 곤두박질치고 말았을까? 여러분의 의견은 어느 쪽인가?

정답은 바로 절벽 아래로 내 던져진 독수리의 마음이다!

독수리가 하늘을 날아야겠다고 마음먹었다면 비상했을 것이고, 날고자 마음먹지 않았다면 그대로 닭처럼 땅바닥에 내동댕이쳐지고 말았을 것이다. 당신의 유일한 한계 역시 당신 스스로가 자신의 마음속에 설정한 한계일 뿐이다.

우리 인간은 저마다 갖고 태어난 능력의 5%~15%밖에 발휘하지 못하고 죽는다고 하면 독수리가 될 수 있는 능력은 누구나 갖고 있는 것이다. 그렇다면 당신은 독수리가 되기를 원하는가. 닭장에 갇혀 있는 닭이 되기를 원하는가?

돈만이 재산이 아니다. 지식도 재산이고 건강도 재산이다. 재능도 재산이다. 그리고 의지는 다른 어떤 것보다 큰 재산이다.

"나는 더 이상 철창 속에 갇힌 나약한 새가 아니다. 나는 저 푸른 창공을 비상하는 독수리다!"라고 힘차게 외쳐 보라. 가능성의 한계를 알아보는 유일한 방법은 그 가능성을 뛰어넘어 불가능 속으로 들어가 보는 것이다.

독수리처럼 행동하면 독수리가 되고 닭처럼 행동하면 닭이 된다. 두려움은 당신의 마음속에 있다. 강한 의지력과 마음만 먹으면 당신은 어떠한 두려움도 극복할 수 있다. 그러기 위해 항상 바쁘게 생활하고 열심히 일하라. 두려움에 대한 걱정조차 사라질 것이다.

자동차를 타면 운전자와 옆에 탄 사람이 있기 마련이다. 운전자는 자기 마음먹은 방향으로 차를 운전할 수 있다. 하지만 옆에 탄 사람은 운전자가 운전하는 대로 몸을 맡기고 있을 수밖에 없는 처지에 놓이게 된다.

나의 '인생 차'를 남이 운전해서야 되겠는가? 나의 인생 차를 운전하기 위해서는 고난과 고정관념 그리고 부정적인 시각이라는 장애를 넘을 자신감이 있어야 한다. 그리고 이러한 자신감은 거대한 벽을 넘고 또 넘어 다음 벽으로 오를 수 있도록 도와준다.

힘은 샘물처럼 안에서 솟아난다. 힘을 얻으려면 자기 속에 샘을 파야한다. 바깥에서 힘을 구할수록 사람은 점점 약해질 뿐이다. 일찍이 에머슨은 "자신감은 성공의 제1요소"라고 갈파했다. 내가 스스로 나의 값을 싸게 매기는데 세상이 나의 값을 올려줄리 만무하다.

무한한 가능성이 잠재되어 있는 것에 감사하고, 선택할 수 있는 기회가 많다는 것에 감사하고, 건강한 육체와 정신에 감사할 때 ' 나도 뭔가 할 수 있지 않을까?' 하는 자신감이 생겨난다.

승자가 즐겨 쓰는 말은 "다시 한 번 해보자."이고, 패자가 즐겨 쓰는 말은 "해봐야 별수 없다."이다. 성공은 도전하는 사람에게만 미소를 보낸다. 머리끝에서 발끝까지 나를 빛나게 해주는 것은 바로 자신감이다.

피곤한 목소리,
호감형 목소리

화법의 기본 프로세스는 발표자가 '내용을 알고 기억'한 그 무엇을, 상대방이 '이해하고 공감'하게 만들어 결국엔 '움직이게' 만드는 것이다. 따라서 스피치 스타의 존재감은 '어떻게 전달하고 설득하는가?'에 달려 있다. 이 장에서는 좋은 목소리의 세 가지 기준인 자신감 있는 목소리와 발음이 정확한 목소리, 변화 있는 목소리를 만들기 위한 방법을 알아볼 것이다.

사람의 귀는
눈보다 민감하다

목소리는 듣는 사람의 머릿속에 생생한 이미지를 창조하는 매우 강력한 도구이다. 사람들은 상대방의 목소리에 근거하여 그 사람의 지적 수준, 교육 정도, 권위, 말의 진실성 같은 것을 판단하는 경향이 있다. 이런 사실은 이미 여러 연구들에 의해 증명된 바 있다.

자신 있고 확신에 찬 목소리는 강한 이미지를 만들어 낸다. 반면 가늘게 갈라지는 목소리는 허약하고 불안한 이미지를 전달한다.

인간의 커뮤니케이션은 시각적, 음성적, 언어적 신호로 이루어져 있다. 목소리는 우리가 신체적으로, 그리고 심리적으로 느끼고 있는 감정을 그대로 드러낸다.

지문(指紋)에 대해서는 누구나 잘 알고 있을 것이다. 그런데 성문(聲紋)이라는 말을 들어본 적이 있는가?

목소리를 기계로 분석해 낸 특징은 사람마다 전부 다르다고 한다. 지문으로 개인의 특징을 알 수 있듯이 성문으로도 개인의 특징을 알 수 있다. 이것은 범죄조사에도 이미 활용되고 있다. 결국 목소리나 이야기 스타일은 '자기 자신'을 확실하게 전달한다.

처음 만나는 사람에게 들려줄 당신의 목소리, 그 목소리가 상대에게 어떤 인상을 줄 것인가를 생각해 보라. 상대는 당신의 목소리를 듣고 어떻게 생각할까? 목소리 때문에 손해를 본 적은 없는가?

훈련에 따라 어떤 운동이든 잘할 수 있듯이 좋은 소리, 정확한 발음을 구사하는 일은 적절한 방법과 연습 정도에 따라 얼마든지 개선이 가능하다.

◀◁ 개선되어야할 목소리

- 말을 정확하게 알아들을 수 없다.
- 억양의 변화가 없이 밋밋하고 단조롭게 이야기한다.
- 이야기 도중에 호흡이 새어 나와 목소리가 끊기거나 목이 쉬거나 한다.
- 호흡이 가빠져 이야기 도중 부자연스럽게 호흡을 몰아쉰다.

내 목소리를
사랑하자

　자신의 진짜 목소리를 알고 있는 사람은 실제로 거의 없다. 처음 녹음시켜 자기목소리를 들은 사람들은 누구나 "내 목소리가 아닌 것 같아요.", "마음에 안 들어요."하고 어색해한다. 왜 그런 걸까?

　자신의 목소리는 뼈를 통해 귓바퀴를 울리고 들어온다. 하지만 다른 사람에게 들리는 목소리는 입에서 바로 나간다. 그래서 스스로 느끼는 음성과 실제 음성은 다를 수밖에 없다.

　자신의 목소리를 들어볼 수 있는 방법이 있다. 두 귀의 겉면을 두 손바닥으로 쓸어서 두 뺨 가까이 갖다 대어보라. 그렇게 한 상태에서 자기 이름을 불러 보라. 이 때 들리는 목소리가 타인에게 들리는 당신의 진짜 목소리이다.

　이렇게 스스로 느끼는 음성과 실제 음성이 서로 다르므로 아나운서들은 혼자 말 연습을 할 때 반드시 녹음기를 사용한다. 그리고 방송 녹음도 헤드폰을 끼고 자기 목소리를 객관적으로 들으면서 작업을 한다. 발음이 부정확하지는 않는지, 말끝을 자꾸 올리지는 않는지, 음성이 너무 높거나 낮지는 않는지….

발음과 어조, 음성을 교정하려면 무엇보다 자기목소리를 많이 들어보아야 한다. 하지만 일반인들의 경우 특별한 기회가 주어지지 않는 한 그러기가 쉽지 않다. 자기 목소리를 자꾸 들어보고 어떤 점이 잘못되었는지 체크하는 일은 말하기 훈련의 기본이 된다.

이런 훈련은 가정에서도 충분히 가능하다. 스마트폰은 만능 비서가 아닌가? 영상을 촬영하여 관찰하면 음성뿐만 아니라 자세까지 살펴볼 수 있다. 몸을 비비꼬거나 천장 끝을 바라보거나 눈을 자주 깜박이거나 잘못된 자세가 보이면 자각이 생기고 무의식적으로 했던 말투나 표정, 태도를 바로잡을 수 있다.

이 세상에서 가장 아름다운 소리를 내는 악기는 무엇이라고 생각하는가?

바로 당신의 목소리이다. 이 세상에서 하나뿐인 악기이기 때문이다. 목소리에 자신을 갖기 위해서는 무엇보다 내 목소리를 자주 듣고 내 목소리와 친해져야한다. 받아들이고 사랑해야 한다. 자신의 목소리를 사랑하지 않고서는 어떤 이야기도 자신 있게 발표할 수 없다.

그러나 자기 목소리에 자신이 없는 사람, 마음먹은 대로 목소리가 나오지 않아 안절부절했던 경험이 있는 사람, 목소리가 나빠서 손해를 보았다고 생각한 적이 있는 사람들은 할 수만 있다면 내 목소리를 바꾸고 싶다는 생각을 해보았을 것이다. 하지만 많은 사람들이 외모는 바꿀 수 있어도 목소리는 바꿀 수 없는 것, 타고난 것이라고 생각하는 사람들이 많다. 정말 그런 것일까?

당신의 목소리,
바꿀 수 있다

"마음먹고 훈련하면 당신의 목소리를 얼마든지 바꿀 수 있다."라고 하는 말에 흥미가 있는가?

여기서 잠깐 실험을 해보자. 우선 나무젓가락 2개를 준비한다. 그것을 둘로 쪼개지 않은 상태에서 그대로 앞으로 세워 양쪽의 아래위 어금니로 가볍게 물어본다. 나무젓가락을 옆으로 하는 게 아님을 주의하시기 바란다. 젓가락으로 음식을 집어 입에 넣을 때의 위치가 되도록 두 개의 나무젓가락 끝이 눈앞에 와야 한다는 것이다. 나무젓가락이 입술 양쪽으로 삐져나와 마치 '이'음을 발음하는 입술모양이 될 것이다. 그 상태에서 소리를 내어본다.

어떤가? 어떤 소리가 나오는가? 길게 혹은 짧게 끊어서 소리 내어 보라. 아마도 평상시의 자기 목소리와는 약간 다르다는 느낌이 들 것이다.

이번에는 나무젓가락을 빼내고 소리를 내 보라. 평소의 목소리가 날 것이다. 그 목소리를 잘 기억하라. 목소리뿐 아니라 소리를 낼 때의 목이나 입안의 형태도 기억해야 한다.

이 점을 염두에 두고 다시 한 번 나무젓가락을 어금니로 물면서 발음해 보라. 이번에는 소리가 확실히 달라졌음을 깨달을 수 있을 것이다. 어떻게 달라졌을까? 조금 전과 비교해서 울림은 어떤가? 훨씬 더 명료하게 들리지 않는가? 또 목은 어떤가? 아까보다 열려 있는가 닫혀 있는가? 입안의 느낌은 어떤가? 아까와는 다르지 않은가? 여러 번 반복하다보면 차이점을 확실히 알게 될 것이다.

이 테스트의 목적은 사람의 목소리는 잠깐의 노력으로 많은 변화를 가져올 수 있다는 것을 알려주고자 함이다. 목소리는 후천적으로 얼마든지 바람직한 방향으로 바꾸어나갈 수가 있다. 이 나무젓가락 트레이닝은 아마추어든 프로든 상관없이 할 수 있다. 누구든지 목소리가 바뀔 가능성, 좋은 목소리를 얻게 될 가능성을 가지고 있다.

그러면 좋은 목소리란 어떤 것일까?

'좋은 목소리'란 자기가 가지고 있는 본래의 목소리이다. 좋은 목소리를 갖고 싶어 하는 사람에게 주장하는 것은 단 하나, "본래 자기 자신의 목소리로 이야기하고 노래하라."는 것이다.

본래의 목소리라고 하면 대부분의 사람들은 오히려 나쁜 목소리, 아름답지 않은 목소리라고 생각할 것이다. 그 이유는 "본래 목소리=나쁜 목소리"라고 인식하고 있기 때문이다. 왜 본래 목소리를 나쁜 목소리라고 생각할까?

본 목소리는 본래 가지고 있는 꾸밈없는 목소리다. 훨씬 더 자기다운 목소리인 것이다. 또한 무리 없이 소리를 낼 수도 있고, 여러 가지 테크닉을 자유자재로 사용할 수 있으며, 폭넓게 표현할 수 있는 것이 본 목소리다. 그러므로 본 목소리를 사용할 수 있게 되면 듣는 사람의 귀에도 훨씬 좋게 들린다. 아무리 화장을 해도 결국 자신의 맨 얼굴이 가장 중요하다는 것을 알기 때문에 그 맨 얼굴에 더 많은 애착을 갖는 것과 같은 이치이다.

누구든지 매력적인 목소리로 이야기하고 노래할 수 있다. 이 장을 통해 자신의 목소리가 얼마나 아름다운 것인가를 알고 보다 분명하고 명료한 소리와 발음을 구사할 수 있기를 바란다. 그렇게 될 때 당신의 말하는 패턴이나 노래하는 스타일이 바뀌게 될 것이다. 뿐만 아니라 생활과 인생 또한 바뀌게 될 것이다. 목소리란 그런 것이니까.

끌리는 목소리를
갖고 싶다면

아주 편안한 마음으로 가족이나 친구에게 부담 없이 말할 때의 목소리를 자기의 목소리라고 할 수 있다. 이는 쉬운 것 같지만 상당히 어려운 문제다. 사람은 인간관계를 의식하기 때문에 목소리를 다소 꾸미게 된다.

그러나 남성의 경우는 평소에 거의 본 목소리에 가까운 목소리로 이야기하므로 조금만 신경 써서 여러 가지로 소리를 내보면 '아, 이것이구나!' 하고 금방 알 수 있을 것이다.

여성의 경우는 약간 어려울 수도 있다. 가성을 당연한 것으로 믿는 사람들이 많기 때문이다. 그러나 방법이 있다. 그것은 바로 남성이 된 기분으로 남성처럼 아무 이야기나 해보는 것이다. 당연히 평소보다 음이 낮아질 것이다. 그것이 바로 당신의 본 목소리다. 한 번 그 소리를 발견하게 되면 정말 편안할 때 내는 목소리와 비슷하다는 것을 알 수 있다.

평소 우리들이 일상적으로 사용하는 목소리는 대개 '낮은 목소리(25음)' '중간 목소리(50음)' '높은 목소리(75음)' '매우 높은 목소리(100음)', 이렇게 4단계로 나눌 수 있다. 일상대화 때의 목소리는 '낮은 목소리'다.

그럼 입을 적당히 벌려 "아~"하거나 "안녕하세요?"하고 '낮은 목소리'부터 내보자. 그런 다음 조금씩 소리의 높이를 올려본다. 처음 얼마동안은 자연스럽게 소리가 높아지지만 어느 정도의 높이에 이르면 같은 방법으로는 소리가 나오지 않는 부분이 있다. 그래도 억지로 내보면 지금까지와는 다른 음색의 높은 목소리를 내게 되는데, 그것이 즉 가성이다. 여기서 가성이되기 전의 목소리가 본 목소리다.

본 목소리가 가성으로 변화하는 순간 상하 입술을 경계로 볼때 지금까지는 아랫입술의 위쪽보다 아래쪽에서 나오는 느낌이었는데 윗입술 아래쪽보다 위쪽에서 나는 느낌으로 바뀐다. 한 번 손을 대고 실험해보자.

또 목울대에 손을 대고 살펴보는 방법도 있다. 남성의 목울대는 금방 알 수 있다. 여성의 경우는 목 전체를 손바닥으로 감싼 다음 소리를 내 본다. 목 가운데 떨리는 부분이 있을 것이다. 그곳이 목울대다. 잘 찾지 못하겠으면 목 전체를 좌우로 한 바퀴 돌린 다음 소리를 내본다. 거울을 보면 약간 떨리는 부분이 있을 것이다. 목울대의 위치를 파악했으면 그곳에 손을 대고 좀 전의 4단계 발성을 해보자. 낮은 소리를 낼 때는 목울대가 움직이지 않지만 어느 정도 높이 올라가면 목울대가 갑자기 위로 올라가기 시작한다. 그 때의 소리가 가성이다. 즉, 목울대를 움직이지 않고 내는 소리가 본 목소리이고, 본 목소리가 올라가기 시작할 때 내는 소리가 가성이라는 것을 구별할 수 있다.

물론 본 목소리와 가성의 음역에는 개인차가 있다. 상당히 낮은 음역에서 가성이 되는 사람도 있으며, 반대로 상당히 높은 음까지 본 목소리인 사람도 있다. 또한 가성의 범위가 매우 넓은 사람도 있고 가성이 거의 나오지 않는 사람도 있다. 자신이 어떤 유형인지 살펴보라.

여기까지 읽은 독자들 가운데는 책을 내려놓고 실제로 자신의 본 목소리를 찾아본 사람도 있을 것이다. 자신의 본 목소리를 발견한 사람들은 지금까지 얼마나 가성을 많이 사용해왔으며, 그 가성이 자신의 진짜목소리라고 믿어왔는지를 깨달았을 것이다. 그러나 한편으로는 이런 생각도 들었을 것이다.

'이제 내 본 목소리는 알겠어. 그런데 좋은 목소리 같지 않아. 가성을 그대로 쓰는 편이 더 나을 것 같은데…'

본 목소리가 당신의 귀에는 좋게 들리지 않을지도 모른다. 그러나 그것은 보석의 원석과도 같은 것이다. 이제 앞으로 할 일은 그 원석을 갈고 닦아나가는 일이다. 그러면 이 세상에서 유일하게 반짝반짝 빛나는 당신만의 목소리를 갖게 되는 것이다.

때와 장소와 상황에 맞게
목소리를 사용한다

    이제 여러분은 가성으로 이야기하고 노래하지만 사실은 자기의 본래 목소리인 본 목소리가 있다는 사실을 알았다. 이것을 토대로 앞으로 할 일은 다음 세 가지이다.

- 본 목소리를 살려야 한다.
- 가성도 연습해야 한다.
- 때와 장소와 상황에 맞게 목소리를 사용한다.

    많은 사람들이 목소리는 성대에서 나온다고 알고 있는데, 그것은 정확한 표현이 아니다. 성대에서 나오는 목소리는 아직 미숙한 소리이며 그것이 상대의 귀에 들리게 하기 위해서는 입술이나 혀, 얼굴 근육 혹은 상반신의 움직임 등에 따라 소위 '가공'되지 않으면 안 된다. 그런 의미로 보면 성대에서 나오는 것은 '음'이며 그것이 가공되어 '목소리'가 된다고 할 수 있다.

소리의 강약이나 높낮이를 정하는 것은 '성대'다. 그것을 말로 가공해서 상대에게 전하는 것은 입이나 상반신이다. 그러므로 성대에서 최고의 목소리를 내고 그것을 입이나 몸이 잘 살려서 이야기하게 되면 그야말로 최고의 목소리, 최고의 이야기 스타일이 되는 것이다.

목소리의 특징을 만드는데 직접 관련이 있는 것은 목, 혀, 입술, 턱, 표정근 등 5가지 부위이다.

거울 앞에서 입을 크게 벌려보자. 발음이나 발성에 문제가 있다면 많은 경우 입의 특징을 파악해두는 것이 중요하다.

사람은 손발을 이용해 여러 가지 일을 한다. 목소리도 마찬가지라고 생각해야한다. 인간에게 목소리는 매우 편리한 도구와 같은 것이다. 목소리에 대해 잘 알고 사용하면 이야기하는데 자신이 생기며 양질의 대화를 나눌 수 있게 된다. 그렇게 되면 인간으로서의 매력은 몇 십 배로 증가되며 세계가 넓게 보일 것이다. 목소리에는 한 인간을 변화시킬만한 힘이 있기 때문이다.

발성법을 배우면서 본 목소리 살리기 등 위 3가지를 자신의 것으로 만들도록 노력하자.

여기서 잠깐 소리를 적절하게 사용하는 비밀을 가르쳐주겠다. 그것은 바로 이야기를 시작할 때 어느 정도의 음에서 소리를 내는가 하는 점에 주의하는 것이다.

당신은 평소에 어느 정도의 높이에서 이야기를 시작하는가?

음계로 치면 '라'음으로 시작하는 사람, '미'음으로 시작하는 사람 등 저마다 모두 다르다. 목소리를 상황에 적합하게 사용하기 위해서는 3단계 높이의 음을 준비해두면 좋다.

누구나 사람의 본 목소리에는 음역(음폭)이 있다. 물론 그 음역의 소리는 마음대로 나누어 사용할 수 있다. 그 가운데서도 좀 더 편안한 상태에서 내기 쉬운 보통높이의 소리가 있다. 그 음을 기억해두었다가 언제나 바로 자연스럽게 낼 수 있도록 연습하자.

위 3가지 음을 마음대로 바로 낸다는 것은 처음엔 어렵다. 특히 높은 음, 낮은 음은 입술이나 혀, 턱 등을 정확하게 움직이지 않으면 좋은 소리를 낼 수가 없다. 트레이닝을 꾸준히 해서 3개의 음을 자기 것으로 만들면 때와 장소와 상황에 맞게 다양한 목소리를 낼 수 있다.

목소리를 낸다는 것이 어떤 의미인지를 알아보았다. 목소리는 입에서 나오는 대로 맡겨둬서는 안 된다. 내 목소리이므로 나를 위해 최대한 활용할 수 있도록 하자.

말에도
리듬이 있다

청중을 사로잡는 음성기술의 하나로서 '스피치의 리듬'이 있다.

과거에는 청산유수처럼 말하는 것을 멋진 화술이라고 여겼다. 이런 화술을 연발법(連發法)이라고 하는데, 말의 뜻이 약간 이해되지 않아도 전체적인 말의 리듬에 이끌려서 정신없이 귀를 기울이게 함으로써 청중을 사로잡을 수 있었던 것이다. 옛날의 지도자들은 이런 연발법의 웅변조로 역사상의 사건을 비유하고, 격언이나 저명인사의 명언 등을 인용해서 자기의 박식함을 과시하여 청중의 갈채를 받았다.

지금은 시대가 변하여 청중의 기호도 옛날과 달라졌다. 그러나 표현상의 차이는 있을지언정, '말의 리듬을 살려야 한다'는 명제만은 예나 지금이나 마찬가지다.

아무리 박식하고 덕망이 높은 사람의 좋은 내용이라도 질질 끄는 단조로운 음성으로 말하는 것을 듣고 있으면 왠지 따분하고 졸린다. 능숙한 화술의 조건으로 '말의 리듬'을 꼽는 이유도 바로 단조로운 말이 듣는 사람에게 싫증과 불쾌감을 주기 때문이다.

말의 리듬이란 한 마디로, 말하는 어조에 변화나 강약을 더하는 일이다. 즉, 말의 빠르기와 늦음, 고저와 강약 그리고 사이를 적당히 두는 음성표현의 미묘한 변화를 가리킨다. 그렇다면 말의 리듬은 어떻게 해야 효과적일까?

가령 여기에 물이 있다고 하자. 그릇에 담긴 물이나 호수에 고인 물은 고요하게 정지되어 있다. 이 물이 경사진 곳에서나 냇물로 흐를 때는 서서히 흘러서 내려간다. 그러나 일단 급류로 변하면 그 억센 힘이 바위를 삼킨다. 그럴 때는 웅장한 소리를 낸다. 그러다가 이 급류가 잔잔한 물결로 탈바꿈을 할 때는 잘잘 소리를 내고 흐른다. 이 잔잔한 물결이 모여 한꺼번에 높은 곳에서 떨어지는 폭포가 되면 어떨까? 그야말로 천지가 진동하는 소리로 변할 것이다. 이렇듯 내용이나 상황에 따라서 감정과 음성의 변화를 살리는 것이 바로 말의 리듬을 살리는 화술이다.

그런데 우리나라 사람들은 이 감정표현과 특히 변화 있는 음성표현이 매우 서툴다.

일상생활에서 흔히 쓰고 있는 "감사합니다"나 "미안합니다"라는 말을 한번 생각해 보자. 대부분의 사람들이 담담한 표정에 무뚝뚝한 목소리로 말하기 일쑤다. 좀더 고맙고, 미안한 감정이 깃든 음성으로 말해야 함에도 불구하고, 뜻만 전달하면 된다는 생각에서인지는 몰라도 음성표현은 소홀히 한다. 평소의 일상회화에서는 물론 많은 사람 앞에서도 효과적인 음성표현을 할 수 있도록 스피치 훈련을 할 필요가 있다.

음성표현 학습에서 주의할 것은 평소의 회화에서 사용하던 말의 리듬을 그대로 살려서 말하는 것이 이상적이다.

"안녕하십니까?"(밝고 큰 목소리로 했으면)

"제 이름은 김은영입니다."(낮은 목소리로)

"오늘은 '말의 리듬을 살리자'라는 주제로 말씀드리겠습니다."(중간소리로)

크게, 작게, 중간목소리 등 3단계나 4단계, 또는 5단계로 음의 층을 만들어보라는 것이다.

처음부터 끝까지 일정한 소리의 크기로 밋밋하게 이야기해서는 재미가 없다. 중요한 문장은 강조하고, 문장 가운데 포인트가 되는 낱말을 또한 강조하는 게 요령이다. 이러한 음의 조절이 불규칙적으로 되게 하라.

말이란 언제나 1대1의 주고받음이다. 대화는 물론 좌담이나 회의 또는 몇 백, 몇 천 명이 모인 대중연설이라도, '듣는 사람'과 '말하는 사람'이라는 1대1의 관계는 변함이 없다.

'변화를 주되 자연스러운 말의 리듬으로!' 이것이 현대 스피치의 특징이다. 현대는 클래식 음악의 웅장한 노래보다 속삭이듯 파고드는 대중가요의 조용한 노래가 각광을 받고 있는 그야말로 대중의 시대가 아닌가?

이야기 사이의 쉼에
주의하자

'화술은 묵술'이라는 말이 있다. 스피치의 성패는 침묵(沈默)을 살리는 기술에 의해 좌우된다는 뜻이다. 많은 사람들이 스피치 공부를 하는 과정에서 원만한 시선처리 문제와 함께 가장 많은 지적을 받는 사항이기도 하다.

이야기 사이의 쉼이라 하는 것은 한 단락의 이야기를 마치고 다음 이야기로 넘어갈 때 잠시 쉬는 공간, 또는 청중과 교감을 나누는데 필요한 시간을 말한다. 다음 예문을 두 가지 방법으로 읽어보자.

"34에서 11을 빼면 얼마입니까? 23입니다. 그렇다면 365일의 절반은 며칠입니까? 182일 하고 반나절입니다."

첫 번째, 국어 책 읽듯이 끝까지 쉬지 않고 읽고,
두 번째, 물음표에서 한 박자씩 쉬어가며 읽어본다.
첫째의 방법이 얘기하는 동안 내내 계속된다면 청중은 귀를 닫게 되고 만다.

생각할 수 있는 여유가 없으므로 어떤 반응도 없고, 끝까지 듣고 나서도 기억회로에 저장된 내용이 별로 없다.

듣는 사람들의 입에서 굳이 대답소리가 나오지 않더라도 청중은 연사의 한 마디 한 마디 말하는 내용에 대해 나름대로 생각하고 분석하고 판단하고 끊임없이 대답한다는 것을 알아야 한다.

그 생각할 시간, 분석하고 판단할 시간, 대답할 시간을 주어야 한다. 그럴 때 비로소 연사와 청중의 교감이 이뤄지는 것이다.

청중을 웃기고난 다음에는 웃을 수 있는 시간을 주어야하고 박수가 터져 나올 때 역시 마음껏 박수를 쳐댈 수 있는 시간을 주자. 이 잠깐씩의 시간들을 절묘하게 살리는 여부가 바로 스피치의 성패와 직결된다.

성우나 탤런트들은 이 '사이잡기'의 명수이다. 사이를 잘 살리느냐 못 살리느냐에 따라서 연예인들의 등급이 정해질 정도이다. 이렇듯 중요한 화술기법 가운데 하나가 사이 두기라면 '사이'는 어떤 기능을 갖고 있을까? 크게 나누어 사이 두기에는 다음 세 가지 기능이 있다.

첫째, 생각하게 한다.

적절한 사이는 생각할 여유를 준다. 내용을 음미하는데 필요한 시간적 여유를 말한다. 청산유수 식으로 자기의 말만을 폭포처럼 쏟아놓아서는 귀만 따가울 뿐이다.

둘째, 동의를 구할 때

듣는 사람들은 소리를 내지 않아도 마음속으로는 반응을 하고 있다.

'음, 옳은 말이야.'

'그건 좀 틀리지 않을까?'

이렇듯 소리 없는 대화를 계속하고 있는 것이다. 그래서 항상 적절한 질문을 하고, 그 반응을 살펴가면서 말을 진행시켜야 한다. 이럴 때 주파수가 서로 맞아 돌아간다.

셋째, 기대하게 한다

다음에는 어떤 일이 일어날 것인가 하고 기대를 갖게 하는 경우이다. 중요한 말을 하기에 앞서 충분한 사이를 둠으로써 듣는 이에게 한층 더 기대감을 갖게 한다.

이러한 이야기 사이의 쉼을 만들기 위한 방법으로 이야기에 단락을 만드는 것이 중요하다.

쉼표나 구두점이 있는 곳에서는 잠시 쉰다. 문장과 문장 사이에서는 '하나 둘 셋' 정도의 간격을 두고 얘기하는 습관을 들이는 것도 좋은 방법이다.

이상으로 화술을 살리는 묵술, 즉 사이 두기의 중요성과 기능 그리고 구체적인 방법을 살펴보았다. 결론적으로 사이 두기를 잘하면 정확한 발음구사와 말의 내용에 따른 강약조절이 가능하여 보다 효율적인 스피치를 할 수 있다.

반대로 사이 두기가 제대로 되지 않은 연사나 강사의 얘기를 듣고 나면 머리가 아프다. 그 이유는 음식을 서둘러 먹느라 체하는 것과 같은 이치이다.

밥을 입으로 먹는 음식이라면 말은 귀로 먹는 음식이기 때문이다. 스피치의 목적은 청중을 이해, 납득, 공감시켜서 마음의 변화를 일으키게 하는데 있다. 따라서 적절한 사이를 살려야 효과적이다.

발성기관의
4단계

　자신감 있는 목소리를 만들기 위해 신체 기관의 움직임을 이해하면 도움이 될 것이다. 음성훈련은 음성 기관과 관련된 신체의 특정 부분들을 훈련시킴으로써 소리를 변화시키는 과정이라 할 수 있기 때문이다. 발성기관은 크게 4단계로 구성되어 있다.

　1단계는 발생기(The Generator)이다. 폐에 의한 호흡 조절을 말하는 것으로, 호흡할 때의 공기의 흐름이 성대를 진동시키는 가장 중요한 힘이 된다. 후두를 통한 공기의 흐름이 없으면 성대에서 소리가 만들어지지 않기 때문이다.

　2단계는 진동기(The Vibrator)이다. 이것은 후두 내에 위치한 성대를 가리키는 말이다. 진동기 즉 후두는 소리를 만드는 부분으로써 삼킨 음식물이 기도로 들어가는 것을 방지하는 방어문으로도 작용하고, 호흡을 할 수 있는 길이 되기도 한다.

　부드러운 점막으로 둘러싸여 있는 두개의 움직이는 구조물이 마찰하면서 점막의 진동을 유발, 공기의 파동이 생기며 소리가 만들어진다. 성대는 단순히 진동만을 관여하게 되며, 풍부한 소리나 발음을 만드는 것은 후두의 위쪽에 위치하고 있는 '공명기'와 '발음기'에 의해 이루어지게 된다.

3단계는 공명기(The Resonator)이다. 이것은 성대 위쪽, 곧 입 뒤쪽에 있는 공간이다. 음색이나 음질을 만드는 부분이다. 진동기(성대)에서 만들어진 소리는 공명기를 통하면서 개개인의 해부학적 특징에 따라 음색과 음질을 달리하게 된다. 이것으로 각각 고유의 목소리가 결정된다. 오페라 가수는 자신의 공명 훈련을 통해 2500Hz 정도에 이르는 공명을 만들며 오케스트라 소리에 자신의 목소리가 묻히지 않게 하기도 한다.

4단계는 발음기(The Articulator)이다. 입술, 혀, 볼, 이, 그리고 입천장이 여기에 포함된다. 이들이 소리를 단어나 말로 만드는 작용을 한다.

발성기관 네 단계 중 어느 한곳에 문제가 있어도 목소리의 이상을 초래할 수 있다. 가장 흔한 목소리 이상은 진동기 즉 후두의 성대에 문제가 발생할 때 생기게 된다.

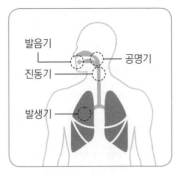

발생기	소리의 크기를 좌우(허파)
진동기	음성을 만들어 냄(후두, 성대)
공명기	음색과 음질을 결정(입 뒤쪽에 있는 공간)
발음기	소리를 말로 만드는 작용(입술, 혀, 볼, 이, 입천장)

갓난아기는 하루 종일 목이 터져라 울어도 목이 쉬는 법이 없다. 어른은 한 시간만 고함을 지르고 떠들어도 목청이 갈라진다. 차이가 뭘까?

정확하게, 바르게, 너무 잘하려 애쓰다보니 필요 없이 목에 힘이 들어가는 것이다. 가장 큰 원인은 호흡법에 있다.

한의학에서 입으로 들어가는 것은 '지기(地氣)', 코로 들어가는 것을 '천기(天氣)'라 한다. 숨쉬기는 하늘의 기운을 받아들이는 것이다. 목소리의 안정감과 좋은 울림은 올바른 호흡법에서 나온다.

인간의 내장기관 중 누구든지 의식적으로 조작할 수 있는 것은 폐뿐이다. 호흡은 몸의 각 세포에 산소를 공급하고 몸 안에서 생성된 이산화탄소를 제거하는 전 과정이다. 건강한 성인은 1분에 7L 가량의 공기를 들이 마시지만 자신이 숨 쉬고 있다는 걸 의식하지 못한다.

잠을 자면서 자연스럽게 배가 오르락내리락 하는 호흡이 바로 복식호흡이다. 특별하게 신경을 쓰지 않아도 마음이 편안하면 이미 복식호흡이 되고 있는 것이다. 숨을 쉬고 있다는 걸 느끼면 뭔가 불편하다는 신호다.긴장하거나 감정이 격해지면 숨이 얕아지거나 가빠지고, 어깨가 들썩거린다. 때에 따라 숨이 탁 막힌다. 기의 순환이 흐트러져 뇌세포의 움직임이 정지될 수 있다. 말 막힘 현상으로 나타난다.

공명을
개발하라

마가렛 대처 여사가 영국 수상이 되었을 때 그녀의 목소리에는 문제가 있었다. 연설을 할 때마다 너무 고음으로 올라가곤 하여 듣는 이로 하여금 초조나 긴장감을 유발시킨다는 점이었다. 그녀가 이 문제를 고치기 위해 선택한 것은 공명훈련이었다. 철저한 허밍 프로그램을 따른 결과 짧은 기간에 명쾌하고 볼륨감 있는 목소리를 만들어낼 수 있었다.

공명훈련은 다음 질문에 해당되는 사람들에게 필요하다.

- 목소리가 작고 입안에서 웅얼거리는가?
- 다시 한 번 말해달라는 주문을 자주 받는가?
- 20분 이상 말하고 나면 목소리가 피곤해짐을 느끼는가?
- 탁하거나 갈라지거나 쉰 목소리가 나오는가?
- 목소리에 비음이 섞여 나오는가?
- 가래가 자주 나오는가?
- 회의석상에서 말할 때 목소리가 기어 들어가는 불편함을 겪는가?

만일 위 질문에 하나라도 '예'라는 답을 했다면 당신은 공명 훈련 대상자이다.

모든 물질은 자기 고유의 주파수를 가지고 있다. 바람이 다른 고체의 고유 주파수에 부딪치게 되면 떨리면서 소리를 내게 된다. 이것이 공명이다. 공명은 결과이지 원인이 아니다.

공명훈련을 할 때 몸속의 무엇인가를 느끼려고 애쓸 필요는 없다. 목소리는 성대에서 난다는 것을 명심하라. 그렇다면 숨을 들이 마신 다음 어떻게 소리를 낼 수 있는지에 대해 생각을 해볼 필요가 있다.

공명이 잘 이루어지는 곳은 얼굴 쪽이다. 목소리는 앞쪽으로 터져 나와야 한다. 만일 음성이 목 뒷부분에 머물도록 한다면 쉬거나 갈라진 목소리로 나온다. 더 뒤쪽으로 갈수록 소리가 억눌려 자연스럽지 못하다.

메가폰의 원리를 생각해보라. 메가폰을 잡고 말할 때 소리가 크게 들리는 이유는 끝이 열려 있기 때문이다. 메가폰의 맨 앞쪽이 진동이 이루어지는 부분이다. 메가폰의 길이를 절반으로 자르면 전과 같은 큰 소리가 나지 않는다. 우리의 목소리도 메가폰과 같다. 작은 부분이 목 뒤쪽에 있다고 생각하고, 가장 큰 부분이 입술 앞부분이라고 생각하면 된다.

입을 크게 벌려 소리가 앞부분에서 공명하지 않는다면 목소리를 뒤쪽에서 붙들고 있다는 뜻이다. 목소리는 입안에서 웅얼거리게 되고 쉽게 피곤해지기까지 한다. 얼굴 앞에서 공명이 잘 이루어지면 목소리가 탁 터져 나와서 시원하고 힘 있게 들린다.

▦ 공명연습 1

두 손을 아랫배에 갖다 대고 셋 이상 천천히 세면서 숨을 들이마신다. 숨을 잠깐 멈추었다가 이번엔 내쉬는데 이때 '음~' 소리를 낸다. 입술 안쪽이 간지러워지는 상태를 느끼는 게 핵심이다. 소리를 양쪽 귀와 공동 쪽으로 보내 코 옆에 위치한 양볼 전면에 압박감을 느끼도록 한다. 소리를 모두 앞쪽으로 보내는데 집중한다. 소가 '음~머'하는 울음소리를 낼 때처럼 깊고 강한 허밍소리가 울려 나와야 한다. 폐활량이 허락하는 한 길게 소리를 내본다.

▦ 공명연습 2

아랫배에 두 손을 올리고 깊이 숨을 들이마신 후 호흡의 길이에 비례하여 아랫배에 힘이 들어가는지 확인한다. '음~마' 소리를 내본다. 이상의 방법으로 연습을 반복한다.

일단 이 방법이 자연스러워지면 소리의 형태를 조금씩 바꾸어본다.

음~메이 / 음~미 / 음~마이 / 음~모 / 음~마우 / 음~무

이런 소리들은 약간 과장되게 내야 한다. '음~' 소리는 최소한 5초 이상 이어지도록 하며, '마~' 소리도 마찬가지다. 매일 소리 내는 시간을 늘려가며 연습한다.

호흡이 길면 길수록 산소를 많이 받아들인다. 이 산소는 혈액을 운반하는 데 도움을 주어 결국 호흡이 긴 사람은 장수한다.

이상 두 가지 기본적인 연습은 공명을 개선시키는데 큰 도움이 될 것이다. 근본적으로 공명 부위를 재조정하는 것이다. 일단 공명 위치를 재조정하고 나면 결코 예전의 습관으로 되돌아가지는 않을 것이다. 목소리 가꾸기는 소리 훈련을 통해 자아를 찾는 과정이다. 목소리의 40%는 타고난 것이고 나머지는 노력으로 가능하다. 목소리 훈련에는 자신감이 생길 때 까지 하루 10분씩만 투자해도 효과를 볼 수가 있다.

❶ 작은 목소리를 크게 만드는 방법

  - 입을 닫고 소리를 낸다.

  - 짧은 발음으로 호흡을 조절한다.

  - 손가락 끝으로 턱을 누르고 턱 아래 근육을 손가락 위쪽으로 되민다.

훈련의 목표는 「호흡이 빠져나가는 것」을 막기 위한 것이다. 우선은 약간의 호흡으로도 충분히 목소리가 나온다는 것을 실감하기 위한 훈련이다.

입을 반쯤 벌린 상태에서 손으로 입을 막는다. 호흡이 새나가지 않도록 꽉 막아야 한다. 입뿐 아니라 코로도 호흡이 새나가지 않도록 주의한다. 이 상태에서 아무 소리나 내보자.

처음에는 소리가 안 나올 것 같지만 의외로 소리가 나온다. 호흡의 출구인 입을 막으므로 성대를 지나는 호흡의 양도 상당히 적어지지만 그것으로도 충분히 소리는 나온다. 적은 양의 호흡으로도 소리를 나오게 할 수 있다는 것을 잊지 말아야 한다.

다음에는 '아'음을 반복해보자. '아-'하고 길게 발음해보기도 하고, '앗'하고 짧게 끊어서도 발음해본다. 발음한 동시에 숨을 멈추자. 그리고 '아- 아- 아-'하고 여러 번 계속한다.

그 다음에는 '아-'하고 길게 발음한다. 역시 마찬가지로 '아- 아- 아-'하고 계속하지만, 하나의 '아-'를 1초 정도 발음하는데, 목에서 멈추는 것이 아니라 호흡을 멈추는 것으로 음을 멈추어야 한다. 이런 트레이닝을 통해 호흡을 마음대로 조절할 수 있는 감각을 익히게 된다.

다음으로는 목 근육의 힘을 단련하는 트레이닝이다.

작은 목소리나 가는 목소리를 가진 사람은 입안의 아치나 혀로 만들 수 있는 공간이 별로 넓지 않다. 그것은 목 근육의 힘이 약하기 때문이다. 그러므로 목을 단련함으로써 입안의 형태가 바뀌도록 해줘야 한다.

우선 목젖과 턱 앞부분의 중간쯤을 손가락 끝으로 눌러보자. 손가락이 쑥 들어가는 부드러운 곳이 있다. 이곳을 집게손가락(검지)으로 누르고, 이번에는 턱 아래의 근육을 움직여 손가락을 위쪽으로 되밀어보자.

어려울 것 같지만 몇 번 하다보면 잘 된다. 이것을 반복함으로써 목이나 목젖 부분의 근육이 단련되어 성대를 긴장시키는 힘이나 입안의 형태를 바꾸는 힘이 생기게 된다. 이 트레이닝을 할 때는 턱을 필요 이상으로 많이 들거나 턱을 움직이지 않도록 해야 한다. 턱을 고정시켜두기 위한 도구로 나무젓가락을 사용해도 좋다.

양쪽 어금니로 나무젓가락 두툼한 쪽을 한 개씩 가볍게 문다. 그래서 나무젓가락이 떨어지지 않을 정도의 힘을 유지하며 (이 자국이 남을 정도로 세게 물면 안 된다) 손가락으로 턱 아래를 누르는 트레이닝을 한다. 이것을 반복하다보면 호흡이 빠져나가는 것을 방지할 수 있어 크고 불륨감 있는 목소리를 내게 된다.

❷ 콧소리 없애기

- 힘을 빼고 호흡을 자연스럽게 내 쉰다.
- 입안에서 소리가 울리게 한다.

목에 힘을 빼는 것이 중요하다. 그러나 누구든지 의식적으로 목에 힘을 주는 것은 아니므로 힘을 빼라고 해도 당장은 어려울 것이다.

우선 시험 삼아 이렇게 해보자. 탁구공을 준비한다. 그것을 입술에 가볍게 문 채 아무 소리나 내본다. 목에 불필요한 힘이 들어가지 않아 편안한 소리를 내는 사람은 탁구공이 부들부들 떨릴 것이다. 떨리지 않는 사람은 힘이 너무 들어가서 목이 닫혀버려 성대의 진동이 차단되어 있다는 증거다. 탁구공이 진동할 때까지 목의 힘을 빼고 입술 주변을 진동시킨다는 생각으로 연습하자. 그것이 목표다.

잘 되면 이제는 나무젓가락을 사용한다. 역시 양쪽 어금니로 두툼한 쪽을 하나씩 가볍게 문다. 그리고 온몸의 힘을 빼고 여러 번 '아-'하고 발음해본다. 혀는 가능하면 평평하게 하되 입천장에 닿지 않게 한다. 이것이 포인트다. 혀가 아래쪽에 있으면 호흡이 코끝으로 빠져나가기가 어려워진다. 호흡이 자연스럽게 입으로 나오도록 해야한다. 그 감각을 잘 익히자. 또 가능하면 입안에서 소리를 공명시킨다는 기분으로 발음하는 것도 잊지 말아야한다.

❸ 말끝이 확실하지 않은 경우

말끝이 확실하지 않은 사람들은 이미지 트레이닝을 하는 것이 좋다. 이미지 트레이닝이란 자신이 이야기하고 있는 하나의 문장을 매끄러운 선 위에 올려놓은 이미지를 그려보는 것이다. 순조롭게 위를 향해 올라가는 선을 상상하며 이야기하면 목소리도 그 선을 따라 순조롭게 올라갈 것이다. 또 내려가는 선을 상상하면 목소리도 천천히 내려간다. 자기가 상상하는 대로 목소리가 나오려면 이것을 여러 번 반복해 봐야한다. 서두르지 말고 천천히 해 보자.

하나의 긴 문장을 이미지화 하는데 성공하면 이번에는 마찬가지로 단어나 한마디를 이미지화 한다. 한마디라 하더라도 그냥 말로하면 보통은 끝이 처지기 쉽거나 경우에 따라서는 어미가 거의 들리지 않게 된다. 그렇게 되지 않도록 주의하며 마지막까지 확실하게 발음해서 어미가 올라가거나 내려가게 해본다.

이것을 문장 때와 마찬가지로 매끄러운 상승선, 하강선에 올려놓고 발음해보자. 끝까지 정성 들여 발음하도록 신경 써야한다.

이것이 가능해지면 마지막으로 한 음에 대해서도 이미지화해보자. '아' '에' '이'…, '가' '나' '다'… 이런 식으로 한 음씩 상승시키거나 하강시키거나 한다. 이렇게 반복 훈련하면 단어나 문장을 자연스럽게 끝까지 정성껏 발성하게 된다. 이것을 익숙해질 때까지 계속해보자.

자신을 가지고 목소리를 천천히 내는 것이야말로 좋은 목소리, 그리고 좋은 이야기 스타일을 만들기 위한 기본이라고 생각해야 한다. 이미지 트레이닝이라고 해서 가볍게 생각하지 말고 목소리의 결점을 없애는 좋은 방법이므로 용기를 갖고 꾸준히 몸에 익힌다.

❹ 쉰 목소리를 허스키 보이스로

사실 허스키한 목소리는 선천적인 것이며 성대를 바꾸지 않는 한 쉰 목소리가 깨끗한 목소리로 되기는 어렵다. 그러나 들기 힘들만큼 쉰 목소리는 트레이닝으로 좀 더 듣기 좋은 허스키한 목소리(결국 이미지를 플러스시키는)로 바꿀 수는 있다.

목소리가 쉬는 원인은 호흡이 세게 빠져나가기 때문이다. 거울을 보면 알 수 있는데, 목의 아치가 잘 열리고 닫히지 않으며 거의 활짝 열려있는 사람이 많다. 혹은 한 쌍으로 있어야할 아치가 한쪽밖에 보이지 않는 사람도 있다. 또는 의식적으로 아치를 열고 닫을 수 없을 것이다. 이런 것들이 잘 되지 않으므로 호흡이 세게 빠져나가고 목소리가 갈라지는 것이다.

원인을 알면 그것을 개선하기 위한 트레이닝은 간단하다. 호흡이 너무 빠져나가지 않도록 하면 된다. 그러므로 목 아치를 단련시켜야 한다.

우선 거울 앞에서 입을 크게 벌리고 목젖과 목 아치가 잘 보이도록 한 다음 "핫- 핫- 핫 핫-" 하고 발음한다. 음이 나오는 동시에 음을 멈추어야한다. 잘하려면 목을 순간적으로 닫는다고 상상하면서 시도해본다.

거울로 볼 때 목젖이 올라가서 아치가 세로로 늘어져 있고 간격이 좁혀져 있으면 아치는 정상적으로 움직이는 것이다. 반대로 목젖이나 아치에 아무런 변화가 없다면 "핫"소리는 잘 나오지 않을 것이다. 목소리나 호흡이 빠져나가는 타이밍이 맞지 않았거나 좀 늘어지는 "하아-"가 된다. 거울을 보고 아치가 잘 닫히고 시원스럽게 "핫!" 소리가 나오면 우선 첫 단계는 성공이다.

그 다음은 거울을 보면서 닫힌 아치를 그대로 고정시켜본다. 그러나 소리를 낸 다음 아치는 저절로 느슨해질 것이다. 목에 힘을 주고 억지로 멈추려고 해도 잘 안 된다. 방법은 호흡을 멈춰야하는 것이다. 이 때 아치의 근육만으로 닫으려고 해서는 안 된다. 그러면 목만 아프다. 호흡을 멈춤으로써 아치는 자연스럽게 닫힌다. 여러 번 반복하다보면 멈추는 시간이 조금씩 길어질 것이다. 이것이 잘 될 때쯤에는 쉰 목소리에 별로 신경이 쓰이지 않게 된다.

이제부터는 쉰 목소리라고 생각하지 말로 개성적인 목소리, 허스키한 목소리라는 자신감을 갖고 소리를 내자.

❺ 발음이 명확하지 않다면

말할 때의 발음은 글을 쓸 때의 맞춤법과 같다. 내용이 좋은 글이라도 맞춤법이 엉망이면 글의 격이 떨어지듯, 말할 때의 발음은 세련되고 지적인 이미지와 함께 신뢰감을 더해준다.

발음에 영향을 미치는 요소는 입술과 혀, 턱의 유연한 움직임, 그리고 말의 속도와 장단음의 구분 등 5가지이다. 다음을 읽어보라.

읽 기	유 의 사 항
담임선생님께서	ㅁ, ㅂ, ㅍ 받침에서는 입술을 닫는다.
준비를 철저히 하자	준, 철, 히, 하의 발음에 유의한다.

충실했기 때문이다	'했기'를 '핵기'로 발음하지 않도록 한다.
되찾고	'대착꼬'로 발음하지 않도록 한다.

◀️ 유의해야 할 발음

자음	ㅅ	ㄴ		ㄹ
	바닷가	대한민국, 전국적으로		우리나라

모음	ㅔ	ㅐ	ㅚ	ㅘ	ㅙ
	세차	새차	괴로워서	과학자	왜 불러

◀️ 발음이 어려운 낱말을 극복하는 3단계 연습 방법

첫째, 스타카토(staccato)로 한 글자씩 끊어서 말해본다.

> 되! 찾! 꼬!

둘째, 한 글자 한 글자를 고무줄처럼 늘여서 말한다.

> 되~에~ 차~아~앗 꼬~오~

셋째, 정상속도로 말한다.

> 되찾:꼬

각 단계를 서너 번씩 반복해보라. 구륜근(입주위를 둘러싼 근육)에 명확한 발음의 과정이 기억된다. 차츰 발음이 쉬워질 것이다.

🔊 'ㄹ'발음 연습 방법

'랄랄랄랄'을 가사로 하여 단순한 멜로디로 이루어진 가요나 동요를 불러본다.

롤롤롤롤, 룰룰룰룰, 릴릴릴릴 등으로 바꿔가며 불러본다.

다음은 한글을 공식 문자로 채택한 '찌아찌아족'이 살고 있는 인도네시아의 아침인사말이다. ㄹ발음을 재미있게 연습하는 데 도움이 될 것이다.

> 아빠까빠르~

❻ 말이 막히거나 더듬는 현상을 극복하려면

다음은 발음하기 어려운 문장이나 인용문이다. 이 훈련의 목적은 말이 막히거나, 더듬는 현상을 없애 전달력을 기르기 위함이다. 놀이처럼 재미있게 읽다보면 발음장애가 교정될 수 있는 좋은 훈련 도구이다. 요령은 두 가지, 장음을 잘 살리고 특정 글자에 적절히 강세를 주는 것이다.

① 서울 특별시 특허 허가과 허가 과장 장 과장

② 강낭콩 옆 빈 콩깍지는 완두콩 깐 빈 콩깍지고 완두콩 옆 빈 콩깍지는 강낭콩 깐 빈 콩깍지다.

③ 상표 붙인 큰 깡통은 깐 깡통인가? 안 깐 깡통인가?

④ 우리 집 옆집 앞집 뒤 창살은 홑 겹 창살이고, 우리 집 뒷집 앞집 옆 창살은 겹 홑 창살이다.

⑤ 대공원에 봄 벚꽃 놀이는 낮 봄 벚꽃 놀이보다 밤 봄 벚꽃 놀이니라.

⑥ 저기 저 말뚝은 말 맬만한 말뚝인가 말 못 맬만한 말뚝인가?

⑦ 밤 장수 밤 광주리는 밤색 밤 광주리요, 감장수 감 광주리는 감색 감 광주리이다.

⑧ 앞집 할머니 뒷집 할아버지 옆집 할머니 윗집 할아버지 건너 집 할머니 아랫집 할아버지 모두모두 모여주세요.

⑨ 내가 그린 얼룩달룩 표범그림은 참 잘 그린 얼룩달룩 표범그림이고, 네가 그린 알룩달룩 표범그림은 참 잘 못 그린 알룩달룩 표범그림이다.

⑩ 우리 집 유리창 창살은 겹 창살 창살이고, 이웃집 유리창 창살은 쇠창살 창살이고, 건너 집 유리창 창살은 나무 창 창살이다.

❼ 혀 짧은 소리 개선 법

혀 짧은 소리는 사실 혀의 길이와는 상관없다. 혀 밑 가운데에 설소대라는 가느다란 점액성 줄기가 있는데 이것이 너무 길면 혀의 운동을 방해해 혀 짧은 소리를 내게 되는 것이다. '르'나 '를'을 '으'나 '을'로 발음하게 되고 혀끝이 입천장에 닿아 제대로 소리가 나지 않으므로 발음이 부정확하게 들린다. 이 경우에는 이비인후과에서 간단한 수술로 설소대의 길이를 조정하면 된다.

한편, 치아가 빠졌거나, 고르지 못한 치열 때문에 명확한 발음에 방해를 받는 경우도 있다. 치아가 고르지 못한 것은 대개 컴퓨터 모니터를 보며 책상 앞에 앉아 있을 때 손으로 턱을 괴거나, 엎드려 잠자는 습관 때문이다. 어른의 머리 무게는 보통 5kg이다. 베개를 베고 옆으로, 또는 엎드려서 잠을 자면 머리 무게가 직접적으로 치아를 누른다. 치아 한 개에 30~300g무게의 힘이 가해지는 것이다. 치열교정 때 치아에 가해지는 힘은 20g~70g이므로 잘못된 자세로 자고 있는 동안 치아가 움직이는 것은 당연하다.

➌ 말이 너무 빠른 경우

통계청 발표에 따르면 대형 교통사고 원인의 70%는 과속이다. 언어생활 역시 소통장애의 70%는 말이 너무 빠를 때이다. 말이 빨라지는 것은 대개 말의 속도와 생각속도의 차이 때문이다.

제임스 페어필드의 책 〈When You Don't Agree〉에 보면 흥미 있는 이야기가 나온다.

일반적으로 사람이 생각하는 속도는 1분에 400 단어이고, 방송 뉴스 아나운서들이 말하는 속도는 170 단어, 그리고 일반 사람들은 '에… 저… 또… 그러니까… 음… 저 뭣이냐… 거시기' 까지 합해서 평균 100 단어 정도 된다는 것이다. 물론 영어의 경우이다.

이것을 한글로 살펴볼 때 150대 600정도의 비율이 될 것이다. 1분 동안 표현할 수 있는 낱말의 개수는 150개 이내. 그러나 생각속도는 그 4배인 600개 이상을 처리해 낸다. 당연히 생각과 표현 사이에 병목현상이 생긴다. 말이 빨라지고 버벅 거려지는 근본적인 원인이다.

다음 두 가지 방법을 참고하자.

첫째, 문장이나 낱말은 결국 하나하나의 글자로 이루어져 있다. 한 글자 한 글자 발음을 분명히 하도록 노력한다.

둘째, 문장과 문장 사이, 또는 중요한 말 앞에서는 의도적으로 침묵하는 시간을 갖자. 생각하며 얘기해야 이해하며 들을 수 있기 때문이다.

❾ 틱 현상 없애기

틱(Tic) 현상이란, 자신의 의지와 무관하게 반복적으로 몸을 움직이거나(근육 틱) 소리를 내는 것(음성 틱)을 말한다. 근본적으로 외부의 스트레스로 인해 대뇌의 균형이 깨지면서 발생하게 된다.

대뇌에서 발생하는 정보나 행동은 항상 대뇌 피질 밑 기저 핵들과 중뇌 핵들의 정교한 튠업(tune up, 파장을 조정하는 것)을 거치는데, 이런 과정이 생략되거나 이상이 생기면 의지만으로는 조절이 되지 않아 반복적인 움직임이나 소리를 내는 것이다.

근육 틱 가운데 가장 흔한 것은 안면 틱이다. 눈을 자주 깜박인다든지, 큼큼대는 것, 입술을 씰룩거리는 현상 등이다. 음성 틱의 경우, '큼큼, 에, 그, 저, 쩝, 스~' 등이 대표적이다.

음성 틱 중 단어의 의미와 관계없이 반복적으로 말을 내뱉거나, 숨을 들이마시면서 '스~' 소리를 내는 것은 일류 강사들에게서도 나타나는 현상이다. 자연스러운 의사전달에 방해가 될 것은 너무도 자명하다.

본인이 알고 있는 경우엔 금방 해소가 가능하다. 모르고 있을 땐 도리가 없다. 강연 중에 '에'나 '저' 소리를 1분 동안 5번 이상씩 습관적으로 하는 유명강사도 보았다.

첫째, 근육 틱을 점검하려면 거울 앞에서 말하기, 녹화하여 관찰하여 보기 등의 방법이 있다. 음성 틱 역시 본인이 알 수 있는 방법은 두 가지다. 누군가에게 지적을 받거나 아니면 녹음하여 들어보는 것이다.

둘째, 해소법이다. 본인이 알게 되면 틱 현상이 나올 때 의식이 된다. '이런, 또 이렇게 하는군.' 마음속으로 느끼는 것이 첫 번째 단계, 또 반복이 되려고 하면 동작을 멈추거나 말을 끊는다. 본인은 틱 장애를 의식해서 머뭇거렸지만, 이것은 오히려 적절한 사이두기가 된다. 듣는 사람에겐 여유 있는 발표자로 인식된다.

몸에 밴 틱 현상은 파리와 같다. 아무리 쫓아도 다시 날아와서 괴롭힌다. 녹음하여 들어보거나 전문가에게 피드백을 청하는 등 주기적인 점검이 필요하다.

❿ 억양, 사투리 교정법

뉴스 앵커가 말하는 것을 반복해 들으며 따라 해보라. 그들은 표준말을 쓴다. 그들의 억양과 자신의 억양을 비교해보라. 핵심은 말의 운율과 발음, 강세, 속도를 닮도록 노력하는 것이다.

강세란 어떤 부분을 강하게 발음하는 것을 일컫는다. 단어에 올바른 강세를 두지 않으면 적절한 리듬이 만들어지지 않아 어색하다는 것을 알게 될 것이다.

특정 문장을 하나 떼어내어 그 한 문장을 자료로 삼아 자신의 강세와 다른 점을 분석하고 집중 훈련을 하는 것도 좋은 방법이다.

자유이주민(탈북자)들의 경우를 살펴보자.

자유이주민들의 사투리 교정을 돕는 국립국어원의 모 연구관이 방송과의 인터뷰를 통해 밝힌 바에 따르면, 북한 주민들은 '끌'을 발음할 때 입을 둥그렇게 해서 발음해 남한사람들에게는 '꿀'로 들리는 경우가 많다고 한다. 비슷한 다른 예로는 '둘'과 '들', '국기, 극기' 등이 있다.

또 모음 '오'와 '어'가 구분이 안 된다. 예를 들어 '볼, 벌' '솔, 설' '고리, 거리' 등이다. 그들은 '온감자'라고 발음을 한다고 하는데 남한 사람에게는 '언감자'로 들리는 경우가 많다.

구개음화의 경우 남한에서는 해도지(해돋이) 마지(맏이) 턱바지(턱받이)라고 발음하는 것이 일반적인데 북한에선 해도디 마디 턱바디 등 구개음화 없이 발음하는 경우가 많다. 억양에서도 '개구리' 발음을 남한에서는 두 번째 음절 '구'를 높게 하는데, 함경북도에서 출신은 세 번째 음절 '리'에 강세를 준다.

⑪ 목소리가 작아서 고민이라면

가슴이 터질 듯 기쁜 소식을 들으면 누구나 자기도 모르게 "우와!", "야호!" 하며 환호성을 지르게 마련이다. 너무도 당연한 현상이라 그 이유에 대해서 곰곰이 생각해 본 적도 없는 사람이 많을 것이다. 그런데 정말 왜 그럴까?

인간의 몸은 기쁨의 감정을 가장 먼저 대뇌에 있는 '전두엽(Frontal Lobe)'에 전달한다. 그리고 거기에서 자신이 어떻게 반응할지를 결정한다.

전두엽은 이성을 관장하는 곳이다. 그런 까닭에 '주위 사람들을 의식해서 지나친 표현은 삼가자' 하는 식으로 재빠르게 판단을 내린다. 그런데 감동이나 기쁨이 너무 크면 전두엽을 통하지 않고 곧바로 '대뇌 변연피질'이라는 곳으로 전달된다.

이곳은 신속히 본능적인 반응을 하도록 명령을 내린다. 그래서 주위 상황에 개의치 않고 크게 환호성을 지르게 되는 것이다.

심리학자들은 "목소리를 크게 낼수록 마음이 움직이고, 이는 곧 태도의 변화로 연결된다."며 "목소리가 커지면 결국 성격도 달라진다."고 주장한다.

목소리 개발은 곧 소리를 전달하는 발성연습이다. 음성에 정보를 실어서 던져주는 것이다. 정보를 듣는 상대가 바로 옆에 있을 때에는 그 거리까지만 소리를 던진다. 라디오 방송 같은 경우 상대방이 바로 앞에 있다고 생각하고 속삭이듯이 말을 한다.

목소리가 작아서 고민인 사람이라면 마이크가 없는 상태에서 30미터, 50미터 거리에 떨어져 있는 사람에게 말한다는 생각으로 외치는 연습을 한다. 거리에 맞게 음성을 던져주는 발성을 하는 것이다.

⓬ 득음의 4가지 관문

명창이란 판소리나 민요 등 우리 소리를 빼어나게 잘하는 사람에게 붙여주는 우리 국악계만의 호칭이다.

명창이 되려면 득음의 경지에 이르러야 하며, 이를 위해선 '목구멍에서 피를 세 번 토할 정도로 노력해야 한다'고 전해지고 있다. 사실 좋은 노래 솜씨란, 아름답고 탁월한 목소리에다 음정과 박자, 기교가 어우러지면 충분할 것이다. 그럼에도 '피를 세 번 토해야 한다'는 것은 무엇 때문일까.

판소리는 2003년 유네스코 무형유산 걸작으로 선정된 일종의 솔로 오페라이다. 판소리는 노래와 대사가 쉼 없이 반복되며 완창을 하는 데 무려 3~4시간이나 걸린다. 따라서 엄청난 에너지와 다양한 목소리가 필요하다. 이 때문에 명창들의 소리 훈련 과정인 득음의 조건에는 다음 4가지 단계를 거친다고 한다.

첫째, 영화 〈서편제〉에도 나오는 것처럼 계곡 폭포 아래에서 소리 내는 훈련을 한다. 자신의 목소리가 모든 소리성분을 포함하고 있는 폭포 소리를 뚫고 뻗어 나가야 1단계 관문을 통과

한다. 우렁찬 폭포수의 백색소음을 뚫고 자신의 목소리를 전달하려면 얼마나 크고 또렷해야 할까. 이 과정을 통과하면 일단 엄청난 음량을 갖출 수 있게 된다.

둘째 단계는 동굴에서의 훈련이다. 동굴 안에서는 모든 소리가 울린다. 동굴의 흙이나 바위벽 등이 고르지 못한 탓에 소리의 난반사가 발생하기 때문이다. 이는 마치 목욕탕에서의 울림과 유사하다.

메아리 효과 때문에 음량은 목소리보다 크게 들리지만 소리가 뒤섞여 윙윙거리므로 무슨 소리인지 알아듣기 힘들다. 따라서 반복되는 훈련을 통해 동굴의 울림을 극복하고 목구멍에서 공명을 잘 일으켜 섬세하고 명료한 소리를 뽑아낼 수 있을 때, 명창의 두 번째 관문을 통과한 셈이 된다.

셋째, 갖가지 소음 속에서도 자신의 목소리가 또렷하게 들려야 한다. 〈서편제〉를 보면, 왁자지껄한 시골장터에서 소리를 하는 대목이 나온다. 처음엔 사람들의 시선을 끌지 못하지만, 어느 순간부터 한 가닥 선율이 시장의 온갖 소음을 뚫고 뻗어 나온다. 장사치들의 호객소리, 다툼, 동물 울음, 자동차 소리 등 다양한 소리가 뒤섞인 소음을 유색잡음이라 하는데, 명창이 되려면 이 모든 소리를 극복하고 독창적인 소리를 낼 수 있어야 한다.

넷째 관문은 해변이나 들판 같은 광활한 곳에서의 훈련이다. 벌판이나 평지에서는 소리가 초라해진다. 소리가 부딪혀 되돌아오는 반향이 없기 때문이다. 파도소리가 끊이지 않는 해변이 특히 그렇다. 벌판에 바람이라도 불어대면 소리가 흩어지게 된다. 이런 어려운 조건에서도 자신의 목소리를 또렷하게 낼 수 있을 때, 명창의 가장 어려운 마지막 관문을 통과하게 된다.

명창이 되기 위한 득음의 4단계. 옛 소리꾼들은 무심코 이런 과정을 밟았는지 모르겠지만, 소리의 특성을 감안할 때 이런 훈련과정은 무척 치밀하고 과학적이라는 점에서 놀라지 않을 수 없다. 따라서 우리는 명창을 일궈낸 선조들의 남다른 소리 철학에 감탄하곤 한다.

치장하라
스타만의
비주얼로

• '그림 우월성 효과'라는 게 있다. 사람은 시각적인 정보를 더 오래 기억한다. 말로 전달된 정보는 72시간이 지난 뒤 10%만 기억하지만, 그림을 더하면 65%를 기억한다. 이처럼 바디랭귀지는 무미건조한 음성언어만의 스피치보다 훨씬 강력한 메시지를 전달해준다. 이 장에서는 비주얼의 중요성과 제스처 방법에 대해 알아볼 것이다.

온 몸으로
말하라

아마존의 입구라 불리는 마나우스. 그 근처 마을에서 생활하기 위해서는 인디오 장로들의 허가를 받아야 한다. 평가항목 중의 하나는 바로 큰 소리로 인사하기, 그리고 또 한 가지는 표정을 풍부하게 하기이다. 그들은 인사를 큰 소리로 하고 표정이 풍부한 사람 가운데는 나쁜 사람이 없다고 생각하기 때문이라고 한다.

발표자는 온몸이 전달 도구이다. 바디랭귀지란 태도이며, 청중의 눈에 호소하는 말이다. 왜 온몸인가?

듣는 사람들의 집중도를 높일 수 있다. 말하는 사람의 열정을 보이고 적극성을 보여줄 수 있다. 발표자의 긴장해소 효과도 덤으로 따라온다.

바른 태도와 음성만의 2D는 바디 랭귀지 동원으로 3D로 바뀐다. 신체언어는 음성언어보다 더 강하게 친밀감, 거부감, 노여움을 전하는 도구이기 때문이다. 그런 의미에서 음성언어는 내용의 깊이와 논리의 싸움이고, 신체언어는 내용의 넓이와 전달력의 싸움이라할 수 있다.

'그림 우월성 효과'라는 게 있다. 사람은 시각적인 정보를 더 오래 기억한다. 말로 전달된 정보는 72시간이 지난 뒤 10%만 기억하지만, 그림을 더하면 65%를 기억한다.

존 메디나 교수는 1982년 USA투데이 신문이 글자를 줄이고 그림을 많이 실어 업계의 비웃음을 샀지만, 10년이 안 돼 최대판매부수를 기록한 것은 바로 이 '그림 우월성 효과' 때문이라고 말한다.

펜실베니아대학교 심리학과 로버트 쿠르즈빈 교수는 남녀 1만 526명의 데이트행태를 분석한 결과 대부분 처음 3초 동안에 얻은 정보를 바탕으로 교제여부를 결정하는 것으로 나타났다. 사람의 첫인상은 불과 몇 초 안에 이루어진다.

음성언어(입말)가 라디오라면 신체언어(몸말)는 TV이다. 바디 랭귀지는 무미건조한 음성언어만의 스피치보다 훨씬 강력한 메시지를 전달해준다.

'사람의 마음을 흔드는 것은 무엇을 말하느냐가 아니라 어떻게 말하느냐이다.'

표현으로 승부하는 광고계에 전해 내려오는 금언이다. 이것은 사회심리학자 앨버트 매라비언 박사의 커뮤니케이션 법칙과도 일맥상통하는 말이다.

사람들이 의사소통을 할 때 영향을 받는 것이 말의 내용(7%),

음성(38%), 바디 랭귀지(55%) 순이기 때문에 '무엇을 말할까' 보다 '어떻게 말할까'에 초점을 맞추라는 것이다.

말은 금방 지나가지만 상황을 동작으로 보여주면 집중도를 끌어 올리고 기억이 오래 간다.

얼굴을 펴자,
운을 펴자

"얼굴에 그늘이 있는 것 같아요."

40대 K사장은 미용실에 머리를 자르러 갔다가 자기 머리를 만지던 미용사가 무심코 던진 이 한 마디에 그만 충격을 받았다. 며칠 동안 오만가지 생각이 뇌리를 스치더라는 것이었다. '남자 나이 40이면 자기 얼굴에 책임을 져야한다'는 말도 새삼 떠오르고, '내 얼굴이 그토록 어둡단 말인가?' 하는 자괴감에 빠지게 되었다. 그러면서 곰곰이 자신의 생활을 되돌아보게 되었다고 한다.

조그마한 전자사업체를 운영하며 노래방 기계를 설치해주거나 A/S에 매달리다보면 밤11시를 넘기기가 일쑤였다. 그러한 생활을 10년 넘게 해오다 보니 표정관리라는 낱말조차 생소할 정도가 되고 말았다.

그러다가 '나는 무엇인가?'라는데 생각이 미쳤다. 그 때서야 이대로는 안 되겠다는 결론을 내리고 스피치를 배워야겠다는 생각을 하게 되었다는 것이었다.

표정 가꾸기, 유머기법, 자아관 확립 등의 강의를 듣고 실습하며 그가 가장 먼저 깨달은 것은 생각의 태도를 바꾸어야한다는 것이었다. 그리고 주변 환경을 개선하기 위해 노력했다. 말이 거칠고 불평불만이나 남의 험담을 늘어놓기 좋아하는 사람들과는 일정한 거리를 두었다. 대신 재미있고 즐겁게 살아가는 사람들과 가까이하려고 노력했다.

날마다 '쿠키, 쿠키'하며 치아를 많이 드러내기 위한 연습에 매달리고, 고객을 만날 때도 먼저 밝게 인사하는 등 자신을 변화시키려는 노력과 비례하여 그의 얼굴이 눈에 띄게 밝아지기 시작했다. 목소리 톤이 높아지면서 강의실을 들어서는 인사말에서부터 통통 튀는 경쾌함이 묻어났다.

심리학자들에 따르면 사람의 첫 인상이 결정되는 시간은 불과 3초 정도라고 한다. 첫 인상을 결정하는 요소로는 외모, 표정, 제스처가 무려 80%를 차지하고, 목소리의 톤, 발음, 말하는 방법이 약 13%, 그리고 나머지 7%가 인격이 차지하는 부분이다. 중요한 것은 성공한 사람들에게서 발견되는 공통점은 한결같이 성공을 부르는 표정을 갖고 있다는 사실이다. 그들에게서는 스마일 파워가 넘친다. 얼굴 색깔과는 관계없다. 좋은 화장품을 많이 바르고 좋은 음식을 많이 섭취하는 것을 이야기하는 것이 아니다. 사람의 얼굴이 밝은 사람은 역시 행복 지수가 높다. 웃어야 복이 온다는 말이 잘 웃는 사람은 웃을일이 생기며 늘 찡그리는 사람은 찡그리는 일이 생긴다.

최근 들어 우리나라 대기업에서도 오전 오후로 웃음시간을 갖는 기업들이 늘어나고 있는 것은 바람직한 일이다. 표정 가꾸기를 생활화하면 업무생산성이 좋아지고, 인간관계가 좋아지고, 좋은 아이디어가 많이 떠오르게 된다.

모 회사에서 영업사원을 대상으로 했던 의미 있는 실험결과가 있다. 열 명을 5명씩 두 팀으로 나누어 한 팀에게는 단 5분 동안 거울 앞에서 자연스럽게 미소 짓는 연습을 시켜 현장에 내보내고, 다른 한 팀에게는 21세기 영업 전략, 판매하는 제품 소개와 함께 고객관리에 대한 교육을 무려 1시간 동안이나 시킨 다음 영업 현장에 투입했다. 결과는 어떠했을까?

놀라지 말라. 1시간 동안 영업교육을 받았던 팀에 비해 단 5분 동안 미소연습을 하고 일선에 투입되었던 팀의 매출이 무려 세배나 높았다. 미소의 힘은 바로 자기 자신을 인정하고, 받아들이고, 긍정적으로 생각하게 하는 효과가 있다. 그것이 자신감으로 이어져 놀라운 매출증대 효과로 나타났던 것이다.

따지고 보면 우리 인생은 선택되어야 살아남을 수 있는 선거판인지도 모른다. 사랑하는 사람에게 선택을 받는 일, 고객의 마음을 움직이게 하는 일, 동료의 신뢰를 받는 일…. 사랑하는 사람, 거래처, 고객, 직장동료, 상사라는 유권자로부터 얼마나 많은 표를 얻어내는가는 그 사람의 표정에 달려있다 해도 과언이 아니다.

밝게 미소 짓는 표정에서 여유, 자신감, 따뜻함, 포용, 자상함을 발견하고 호감을 느끼게 된다. 하지만 이야기하는 시간 내내 한 가지 표정만을 고수하거나 무표정한 사람이라면 호소력이 떨어져 듣는 사람의 꾸준한 관심과 집중을 이끌어낼 수가 없다.

◀◀ 당신의 스마일지수는 얼마나 되는가?

- 당신의 웃는 얼굴에 대해 상대방으로부터 칭찬을 받아본 적이 있는가?
- 카메라 앞에서 포즈를 취할 때 웃는 표정이 자연스럽게 연출되는가?
- 심지어 일이나 사랑에 실패한 비참한 상황에서도 남아있는 희망을 발견하여 미소 지을 수 있는가?
- 바쁜 상황에서 자동차가 오랫동안 정체되고 있어도 어떻게 하는 것이 가장 현명할까를 생각하며 여유롭게 대처할 수 있는가?
- 동료가 흥분하여 당신에게 화를 내어도 여유를 갖고 끝까지 들어줄 수 있는가?
- 누군가가 조금만 웃겨도 크게 웃을 수 있는가?
- 당신은 거울을 보고 1초 이내에 자신의 마음에 드는 미소를 찾아낼 수 있는가?

이상 일곱 가지 질문 중에서 5개 이상 '그렇다'고 대답할 수 있다면 당신은 스마일지수가 높은 멋진 사람이다. 하지만 그 이하라면 보통이거나 무미건조한 삶을 살아가고 있는 사람일

수도 있다.

미국의 위대한 심리학자인 윌리엄 제임스는 "사람의 행동은 감정에 따르는 것 같지만 실제로 감정과 행동은 병행한다. 따라서 우리 의지보다 행동을 조절함으로써 우리는 의지의 직접적인 통제 하에 있지 않은 감정을 간접적으로 통제할 수 있다."고 했다.

즉 우리는 행동을 통해 우리의 감정을 쉽게 조절할 수 있다는 것이다. 기분 나쁜 일이 있을 때 억지로라도 "야 신난다. 기분 좋다!"고 말하면서 미소를 지으면 기분이 서서히 좋아지기 시작한다.

필자는 강의할 때 "자, 다 같이 힘차게 웃읍시다!"하면서 웃는 연습을 시킨다. 박수까지 쳐대며 "으하하하!"하고 웃고 나면 연출된 웃음이지만 강의실 분위기마저 살아난다. 그런데 이런 연습을 할 때마다 가장 즐거워지는 사람은 바로 나 자신이다. 힘들고 기분 나쁜 일이 있더라도 한바탕 신나게 웃고 나면 기분이 상쾌해진다. 새로운 힘이 솟는다.

K사장은 지금도 매일 아침 거울을 보면서 웃는 연습을 한다. 출근하면서도 항상 미소를 짓는다. 직원을 보면 그는 멋진 미소를 지으면서 "안녕? 좋은 아침!"이라고 먼저 인사한다. 그는 "미소를 지은 후 가게 운영이 아주 잘 되고 있습니다. 그전에는

열심히 하는데도 경영성과가 별로 좋지 않았습니다. 그런데 스피치강좌를 수강하면서 시작한 미소가 이렇게 중요한 것인지 깨닫게 되었습니다. 사실 다른 것은 변한 것이 없습니다."고 말했다. 미소는 분위기를 바꾸고 새로운 역사를 만들어낸다.

날마다 5분 정도만 투자하자. 거울 앞에서 입 꼬리 올리는 연습을 하고 웃는 표정이 자연스러워질 때까지 나에게 맞는 미소를 찾아내어 내 걸로 만들자. 이 세상에 훈련 없이 숙달되는 것은 하나도 없다. 미소는 인사의 꽃, 얼굴을 펴는 것은 곧 운을 펴는 것이나 다름없다.

화가 다빈치는 어느 날 도둑의 모델을 필요로 했다. 한참을 찾아 헤매다가 드디어 적합한 사람을 찾아냈다. 그런데 그가 도둑 모델이 되어줄 것을 부탁했던 사람은 알고 보니 수년 전 예수의 모델이 되어달라고 부탁했던 바로 그 사람이었다. 뒷골목에서 험하게 살아온 몇 년의 생활이 예수에서 도둑의 인상으로 변하게 한 것이었다.

얼굴은 삶의 요약이다. 사람의 얼굴은 사유의 방법에 따라 표정이 만들어지고 이것이 근육의 변화를 이뤄내 마침내 그 얼굴 속에 자신의 운명과 삶의 방향 등이 나타나게 된다. 이것은 얼굴뿐 아니라 마음의 모습, 체상, 언상, 걸음걸이 등 그 사람의 전체적인 모습과 행동에도 나타난다. 체형은 선천적으로 생물학적 유전에 기반하므로 불변하는 것이라고 여기기 쉽다. 그러나 체형도 사회적 관계에서 나타나는 희로애락(喜怒哀樂)이 신체의 근육활동을 촉진하면서 얼마든지 변화될 수 있다.

얼굴이 캔버스라면 채색을 하는 물감과 붓은 그 사람의 마음과 행동이다. 선천적으로 타고난 뼈대야 고치기 힘들다지만 얼굴의 색이나 분위기는 자신이 어떻게 마음먹는가, 얼마나 노력하느냐에 따라 달라질 수 있다. 길은 갈 탓, 말은 할 탓, 인상은 만들 탓이다. 얼굴의 30% 정도가 타고나는 것이라면 70%는 후천적 환경이나 노력으로 만들어지는 것이다.

마음으로 얼굴의 상을 자유자재로 만들어 본 재미난 사례도 있다. 노자의 제자들이 동네에 상을 잘 본다는 사람을 데려와 선생님인 노자의 상을 보라고 했다. 그랬더니 내일이면 죽겠다고 했다. 제자들이 크게 걱정하자 노자는 웃으면서 내일 그를 다시 데려오라 했다. 다시 온 그 사람은 이번엔 노자가 오래 살겠다면서 "나는 선생의 상을 못 보겠다"고 했다 한다. 마음이 상을 어찌 만드는지 노자가 극명하게 보여준 것이다. 노자나 되니까 그렇듯 자신의 마음을 순간이동으로 요리할 수 있는 것이지 범인(凡人)들에겐 시간이 걸리는 일이긴 하다. 하지만 꾸준히 노력하면 상은 반드시 변하게 된다.

얼굴의 근육은 좋은 사람 만나서 활짝 웃고, 기분 좋게 살면 눈빛이나 화색이 달라져 인물이 달라지게 된다. 긍정적 마음의 작용이 건강한 몸과 어우러질 때 상이 좋게 변화하는 것이다.

매력적인 사람은 평범한 동료들보다 월급을 12~ 14% 더 받는다는 사실을 미국과 캐나다의 경제학자들이 밝혀냈다고 한다. 미국의 사회심리학자 로버트 치알디니의 베스트셀러 〈설득의 심리학〉에 실린 얘기다.

인상학에서 가장 중요한 포인트는 균형과 조화다. 균형과 조화가 맞는 얼굴과 체형을 가진 사람은 그 인생의 모습 또한 균형과 조화를 이루게 되어 평탄하게 된다. 아무리 잘생긴 사람도 쉽게 싫증이 나는가 하면, 좀 못생긴 듯 한데 오래보아도 싫증이 나지 않는 경우가 있다. 그 해답이 바로 균형과 조화에 있다. 얼굴과 몸, 목소리 등 그 사람에게서 찾아볼 수 있는 모든 것이 균형과 조화를 이룰 때 가장 아름답고 완벽한 인상이 된다. 덧붙여 얼굴색까지 맑고 밝으면 참으로 행복한 인생이 약속되었다고 할 수 있다.

자기인생을 반듯하게, 힘차게 사는 사람은 그 코도 힘이 있고 반듯하다. 인생을 즐겁게 사는 사람은 얼굴 근육이 올라붙어 나이가 들어도 동안으로 보인다. 항상 열심히, 목표를 지니고 사는 사람은 눈빛이 맑고 빛이 난다.

한편 성격이 날카로워 자꾸 인상을 쓰면 이마의 양쪽 눈썹사이에 있는 명궁이 닫혀 복이 들어오는 것을 방해한다. 그러다 보면 자꾸 인상 쓸 일만 생긴다. 웃음이 없고 부정적인 생각을 많이 하는 사람은 근육이 처지면서 입 꼬리가 처져 울상이 되고, 결국 울 일이 생기게 된다. 누군가를 욕하거나 갖가지 불평을 늘어놓다 보면 자꾸 눈과 입이 비뚤어져 성공적인 삶과 거리가 멀어진다. 그러나 긍정적인 생각을 갖고, 책을 많이 읽으며 명상을 즐겨하다 보면 좋은 눈빛과 인상을 갖게 된다.

인상을 좋은 방향으로 변화시키는 데는 일상의 습관을 고치는 것만으로도 상당한 효과를 볼 수 있다. 출근길, 가슴을 활짝 펴 태양의 기를 충분히 받고, 마음이 우울하더라도 동료에게 밝은 목소리로 인사를 건네 보자. 좋은 기운을 보내면 반드시 좋은 기운이 주위에 퍼지게 된다. 사람을 볼 때도 반듯하게 보고 즐거운 이야깃거리를 준비하는 습관을 들이자.

'생긴 대로 산다'라는 말이 있다. 맞는 말이다. 하지만 '사는 대로 생긴다'라는 말이 사실은 더 맞는 말이다. 인상은 살아 움직이는 생물이다. 마음에 따라, 삶의 방식에 따라, 직업에 따라, 어떤 사람을 만나는지에 따라 등 수많은 요인에 따라 달라지며, 얼굴의 주인이 어떻게 노력하는지에 따라서도 변화시킬 수 있는 것이다. 조화롭고, 행복하고, 마침내 성공하는 삶을 위한 당신의 인상을 만들 수 있는 사람은 오로지 당신 자신이다.

지금 거울을 들여다보자. 맑게 닦은 유리거울 속에 얼굴뿐 아니라 마음까지 비추어보자. 균형과 조화가 잘 잡힌 얼굴인가. 밝고 바르고 원만하고 편안한 마음인가. 그리고 이렇게 세 번만 되뇌어보자. '마음이 변하면 인상도 변한다.'

성공하는 사람을 위한 표정 만들기

여기 굳어진 얼굴을 깨워 미소를 초대하는 방법 몇 가지를 소개하고자 한다.

▓ 표정 만들기 **하나**

입 꼬리는 웃을 때 야무지게 올라가야 한다. 웃을 때 앞 윗니를 드러나게 하는 윗입술과 아랫입술 윗 부분이 만드는 선을 「스마일 라인」이라고 한다. 매력적으로 웃으려면 이 스마일 라인이 U자형의 선을 그리도록 해야한다. '입 꼬리 올려주기' 트레이닝만 열심히 하면 얼마든지 U자형의 스마일 라인을 연출할 수 있다.

왜 입 꼬리가 위로 올라가야 하는가. 세 가지 이유가 있다.

첫째, 입 꼬리가 위로 올라가게 웃는 얼굴은 매력적이며 남녀불문하고 호감이 간다.

둘째, 입 꼬리가 올라가면 젊어 보인다. 사람은 나이가 들면 얼굴의 근육도 이완되어 모든 것이 아래쪽으로 처지게 되어 있지 않는가.. 그러므로 입 꼬리가 처져있으면 얼굴이 늙어 보인다.

셋째, 인상학적으로 보아도 입 꼬리가 올라간 사람은 상당히 운이 강하다. 웃는 입매가 좋다고 모든 운세가 다 펴지는 것은 아니지만 입 꼬리가 올라가는 입매가 운을 부르는 한 요소라는 것은 확실하다. U자형 스마일 라인은 자신감을 불러 일으켜 당신의 능력을 한껏 발휘할 수 있게 도와주는 행운을 가져다준다.

■ 표정 만들기 **둘**

얼굴 근육을 열심히 움직여주는 것이다. 우리의 몸에는 근육이 있어서 이를 단련시키면 탄력 있는 피부가 된다는 것은 누구나 다 알고 있는 사실이다. 그러므로 잘 웃는 습관을 들이는 것은 젊음을 유지하거나 되찾는 중요한 방법이다.

웃는 연습을 시작하기 전에 얼굴의 어떤 근육이 표정을 만들고, 근육이 어떻게 움직이는가를 알고 이해해야 한다. 얼굴 근육 운동은 입매나 눈매를 만드는 운동 외에 여러 가지가 있는데 그 중 웃음에 관계되는 것만이라도 익히면 쉽게 따라할 수 있다.

얼굴근육 운동을 할 때 주의할 점은

첫째, 적극적인 자세로 우선 머릿속에 지금부터 움직이려는 근육이 어디에 있는지 상상하면서 의식을 집중시켜 표정근의 움직임을 스스로 느껴야한다.

둘째, 천천히 움직여야한다. 근육은 가는 섬유질로 되어 있어서 근육을 빨리 움직이면 모든 섬유질의 수축이 다 이루어지기도 전에 운동이 끝나버리는 경우가 생기므로 근육을 발달시킬 수가 없다.

셋째, 몸과 마음을 편안하게 해 긴장을 푼다. 편안한 자세를 취하고 음악을 듣거나 몸과 마음의 긴장을 풀어주는 목욕을 즐기면서 하는 것도 좋다.

얼굴에는 약 80여 개의 근육이 있다. 그 중에서 크게 웃을 때 사용하는 근육은 약 50여 개(미소는 14개)이며 눈언저리보다도 볼이나 입매 쪽에 근육이 집중되어 있다. 그만큼 볼이나 입매는 사람의 표정을 정하는 중요한 부분이다.

■ 표정 만들기 **셋**

음식을 잘 씹는 것도 웃는 얼굴을 만들어주는 근육운동이다. 특히 딱딱한 음식일수록 입 주위 근육에 힘이 많이 가해지므로 꼭꼭 잘 씹어서 삼키면 얼굴 심층부의 근육이 단련된다. 이렇듯 씹는 행위와 웃는 얼굴은 밀접한 관계가 있다.

문명이 발달하기 전에 인간은 1회 식사로 씹는 횟수가 평균 1,800회 정도였다고 한다. 그런데 현대인은 600회 정도로 줄어들었다. 이렇게 씹는 일이 점점 줄어들면 얼굴 심층부의 근육도 퇴화할 수밖에 없다.

음식을 오래 씹으면 타액이 많이 나오기 때문에 소화도 잘

되고 건강에도 도움이 된다. 그야말로 일석이조인 셈이다. 단, 치아가 약한 사람은 치아의 법랑질이 벗겨져 이가 시린 증상을 유발한다고 치과 전문의들은 말한다.

▥ 표정 만들기 **넷**

웃는 얼굴의 근육을 단련시키는 또 다른 방법을 하나 들라면 남녀 간의 키스를 들 수 있다. 키스를 하면 엔도르핀이 많이 나와서 건강에 좋으므로 장수한다는 조사결과도 있다. 키스는 또한 음식을 잘 씹는 것과 마찬가지로 얼굴의 심층부 근육을 단련하는 작용을 한다. 동양 사람보다도 서양 사람들의 웃는 얼굴이 훨씬 시원하고 멋져 보이는 이유가 서양인들이 워낙 키스를 많이 하기 때문이라는 해석도 있다. 충분히 일리가 있는 해석이다.

▥ 표정 만들기 **다섯**

매일 입 꼬리 근육 단련시키는 운동을 해보자. 근육이 부드럽지 않은 분들의 경우 처음엔 잘되지 않을 수도 있다. 쑥스럽기도 할 것이다. 하지만 무릅쓰고 아침마다 잠자리에서 일어나 3분씩 가볍게 입 꼬리 올려주는 운동을 해보자. 또 운전할 때나 화장실에서 틈틈이 '후히' '후히'나 '쿠키' '쿠키', '위스키' '위스키'를 반복해서 소리 내고 입 꼬리를 힘껏 올려주는 일을 습관화시키자.

일 주일정도 하면 입 주위 근육운동이 처음보다 한결 자연스러워질 것이다. 이주일 정도 지나면 미소가 훨씬 부드러워지고, 3주일 동안 계속하면 제법 입 꼬리가 올라간다. 이러한 훈련을 즐기는 마음으로 틈틈이 3개월 정도만 반복해보자. 하얀 이가 돋보이는 지적이고 부드러운 미소, 당신도 매력적인 사람으로 거듭날 수 있다. 그 때가 되면 아마 당신보다 당신의 환한 모습을 자주 보게 되는 동료나 가족들이 더 좋아하게 될 것이다.

▧ 표정 만들기 **여섯**

멋진 웃음을 표현해도 그 얼굴을 유지할 수 없다면 애쓴 보람이 없다. 웃는 얼굴을 최소한 10초 정도 유지할 수 있도록 연습해 보라. 스마일 파워는 얼마 동안 웃는 표정을 유지할 수 있느냐에 따라 강도가 달라진다. 미소에 능숙한 사람은 모든 면에서 자신 있고 능력 있어 보인다. 하루하루 신경 써서 연습한다면 당신도 그 주인공이 될 수 있다.

웃는 얼굴을 오래 유지하려면 웃을 때 입매근육이 어떻게 움직이는가를 알아야한다. 얼굴에 손가락을 가만히 대고 웃을 때 근육의 움직임을 확인해보자. 이 연습에서 중요한 것은 바로 손끝에서 느껴지는 근육의 움직임이다. 이 감각을 충분히 익혀 잊지 않도록 한다.

매력적인 웃음에는 입매 못지않게 눈의 표정도 중요하다. 입은 웃고 있는데 눈이 무표정하면 정신 나간 사람으로 오인 받을 수 있다.

눈의 표정에 생기가 없는 사람은 다른 사람의 기분까지도 처지게 할 수 있다. 주위에 보면 유난히 눈동자가 반짝이며 생기가 도는 사람을 만날 수 있다. 그들은 총기 있어 보이고 표정도 아름답다.

눈 주위 근육을 단련시키면 눈에 생기가 돌뿐만 아니라 노화도 지연된다. 눈 밑의 피부는 매우 얇아서 잔주름도 생기고 피로나 생리로 인해 거무스름해지기 쉽다. 이럴 때 눈 주위의 근육(구륜 운동)을 움직여주면 혈액순환이 촉진되어 이러한 현상을 예방할 수 있다.

눈이 피로할 때 구륜 운동을 3분 정도 해보자. 정신이 훨씬 맑아져 일의 능률도 오를 것이다.

- 윗 눈꺼풀의 근육을 긴장시키고 눈썹만 상하로 움직인다. 다섯을 세고 긴장을 풀어준다.

- 까만 눈동자를 상하좌우로 천천히 크게 원을 그리듯 돌려순나. 한 방향으로 세 바퀴씩 돌려준다.

- 검지손가락 끝을 눈과 눈 사이에 두고 응시한다. 즉 사시연습을 해보는 것인데 다섯을 세고 원래대로 돌아간다.

- 좌우의 까만 눈동자를 떼어주는 연습인데 목표물이 없으면 하기 곤란하므로 양쪽 집게손가락을 세워서 눈이 떼어지도록 하는 느낌으로 하면 된다. 실제로 양쪽 눈이 떼어지기는 힘들다.

- 윙크를 멋지게 하는 사람은 대체로 눈의 표정도 풍부하다. 눈을 감고 다섯을 센다. 사람에 따라 한쪽 눈이 다른 쪽에 비해 제대로 안 되는 경우가 있다. 이 때 안 되는 쪽을 집중적으로 연습한다.

제스처는
이렇게

어떤 사람들은 이야기할 때 거의 움직임이 없이 차분하게 이야기를 하는가 하면, 또 어떤 사람들은 마치 지휘를 하듯 손짓이나 몸짓을 많이 쓴다. 최근 시카고 대학교 연구팀은 손짓이나 몸짓을 사용하는 것이 사고과정을 돕고 기억력도 향상시키는 것으로 발표했다.

골딘 메도우 박사와 동료들은 아동과 성인들을 대상으로 수학문제 풀기, 단어 암기하기, 설명하기, 기억력 테스트 등의 4단계에 걸친 실험을 했다.

그 결과, 설명하는 동안 손짓이나 몸짓을 쓸 수 있었던 아동과 성인들이 손짓이나 몸짓을 쓰지 못하도록 했던 아동과 성인들에 비해 20%나 더 많은 단어나 글자를 기억해 내었다.

말하는 동안 손짓이나 몸짓을 쓰지 않을 때는 순전히 언어적인 상징에만 의존해야 하지만, 손짓이나 몸짓을 쓸 때는 시각적, 공간적 혹은 운동적인 상징을 사용할 수 있기 때문에 사고과정이 촉진될 수 있다고 연구자들은 말한다.

우리는 누구나 조리 있게 자신의 생각을 설명하고 표현할 수 있기를 원한다. 그런데 성장과정에서 손짓이나 몸짓을 써가며 열심히 설명할 수 있는 기회를 얼마나 가졌던가? 자신의 모든 인지적 능력들을 동원하여 손짓이나 몸짓을 써가며 열심히 이야기하고 그것을 진지하게 들어줄 수 있는 상황이 사회 모든 곳에서 자연스럽게 만들어지기를 기대한다.

몸은 입으로 하는 말보다 더 많은 것을 이야기해준다. 사랑하는 연인에게 100번 사랑한다고 외치는 것보다 손 한 번 꼬옥 잡아주는 것이 더 확실한 감정을 전달해준다.

스피치에서 표정과 제스처가 차지하는 비중은 대단하다. 현대는 이미지 시대이기 때문이다. 일류 강사들을 보면 예외 없이 제스처가 시원시원하고 화려하다. 이러한 제스처는 사실 저절로 나오는 것이다. 어린이들을 보라. 아이들이 이야기할 때 제스처는 아주 크고 명쾌하지 않는가.

"난 엄마가 하늘만큼 좋아요."

아이가 손을 크게 벌려 동그라미를 그리면서 하는 말이다. 우리나라 사람들은 나이를 먹으면서 제스처가 없어진다. 권위주의적이고 획일적인 문화 탓이다. 매사에 절제를 요구하는 유교문화의 영향도 크다 하겠다.

표정과 몸짓은 상대의 마음을 읽어 내거나, 상대가 나에게 갖고 있는 감정을 판단할 때 중요한 단서가 된다. 표정과 몸짓은 말보다 더 강하게 친밀함, 거부감, 노여움을 전하는 도구다.

표정과 몸짓에는 보여 주고 싶은 자기뿐만 아니라 감추고 싶은 자기까지 숨김없이 나타난다.

제스처를 하는 데는 몇 가지 법칙이 있다.

첫째, 크고 분명해야 한다.

'산 제스처'와 '죽은 제스처'란 말이 있다. 다이내믹한 제스처야말로 '산 제스처'이다. 나의 주장과 신념을 청중에게 더욱 강조하는 것이 제스처라면 제스처는 생동감 있고 활기가 넘쳐야 한다. 물론 융통성은 있어야 한다. 과일을 깎을 때는 과도를, 나무를 쪼갤 때는 도끼를 사용하지 않는가? 청중의 수나 장소의 규모에 따라 같은 제스처라도 크기가 달라야 할 것이다.

둘째, 동작이 말보다 0.5초 정도 빨라야 한다.

제스처를 말보다 늦게 하면 어색하기 때문이다. 개그맨들의 제스처를 관찰해보면 말과 제스처가 시간적으로 맞지 않아 우습게 보이는 경우가 많다.

셋째, 제스처는 내용과 일치시키는 것이 포인트이다. 말의 내용과 제스처의 의미가 서로 달라서는 안 된다는 것이다. "말씀드리겠습니다. 알려드립니다. 제안합니다. 호소합니다. 발표합니다." 할 때는 손을 펴서 앞으로 내밀어야 맞고, "약속합시다. 단결합시다. 각오합시다. 촉구합니다." 라는 말을 할 때는 주먹을 쥔 상태로 표현해야 한다. 그 외에 제스처와 시선이 하나 되도록 하고, 반복되는 제스처는 피하는 게 좋다.

다음 [예문]을 소리내어 읽으면서 밑줄 그은 곳에서 적절한 제스처를 사용해보자. 제스처에 특별한 형식은 없으나 위에 기술한 사항들을 참고하여 내용과 일치되도록 하는 게 요령이다.

◀◀ 실전 제스처

밑줄 그은 낱말에서 적절한 제스처를 구사해보자.

① 누구나 중요한 사람을 만날 때면 거울을 보고 넥타이를 바로잡기도 하고 단추를 다시 채워보기도 합니다. 그러나 표정까지 체크하는 사람은 별로 없습니다.

② 무대 배우들은 연극이 시작되기 전에 무대 뒤에 있는 큰 거울 앞에서 반드시 표정을 체크한다고 합니다. 그들로서는 표정이 곧 생명이므로 당연한 일이라고 치부할 것이 아니라 그 면밀한 배려를 우리도 흉내 내어 봅시다.

③ 우리는 우리의 얼굴을 아주 잘 알고 있는 것 같지만 사실은 그렇지 않습니다. 당신은 최고의 미소를 짓고 있다고 생각하겠지만 남이 볼 때에는 비웃는 것으로밖에 보이지 않는 때도 있습니다.

④ 물론 우리는 배우가 아닙니다. 완벽하게 표정의 연구를 할 필요는 없습니다. 그러나 좋은 인상을 줄 수 있는 커다란 포인트인 웃는 얼굴 정도는 자연스럽게 연출해낼 수 있어야합니다.

⑤ 특히 처음 만나는 경우에는 긴장 때문에 표정이 어색해집니다. 그 어색함이 상대방에게 불쾌감을 줄 수도 있습니다. 따라서 만나기 전에 거울 앞에서 웃는 얼굴을 체크해보고 만일 자신이 없으면 잘 될 때까지 연습합시다.

⑥ 그것이 곧 자신감으로 이어지고, 그 자신감이 만들어내는 표정은 상대방의 마음까지도 밝게 만들어 더욱 밝은 사람이라는 인상을 줄 수 있습니다.

무대매너란 무대에서의 여유로운 태도, 또는 무대를 활용하는 능력을 말한다. 똑같은 무대인데도 어떤 강사가 서 있으면 무대가 넓어 사람이 왜소해 보이고, 반면에 무대가 꽉 찬 느낌을 주는 강사도 있다. 이것은 공연을 하는 가수나 배우들의 경우도 마찬가지이다.

스피치 커뮤니케이션에서의 무대매너는 발표자가 앉아있던 자리에서 일어나 스피치를 마치고 제자리로 되돌아갈 때까지의 시간을 말한다. 무대매너가 평가되는 요소는 다음 세 가지이다.

▦ 첫째, 바른 인사

인사를 할 때 고개는 어느 정도 숙여야 할까?

"어떠한 때라도 머리는 덜 숙이기보다 더 숙인 편이 낫다." 는 스페인 속담이 있다. 예의범절이란 수학의 0과 같은 것이다. 그 자체로는 가치가 없지만 다른 것에 붙여지면 가치를 크게 더해주기 때문이다. 중요한 것은 고개를 숙였다가 들 때 앞을 바라보는 것이 인사의 마무리라는 점을 잊지 말자.

시작할 때와 끝날 때 연단 뒤로 물러나거나 연단 옆으로 나와 인사를 한다. 연단 옆으로 나올 때는 연단과 너무 가까이 서지 않도록 한다. 여유가 없어 보이기 때문이다.

▨ 둘째, 마이크 사용법

마이크가 연단 위에 고정되어 있는 경우 마이크는 연단의 중앙에 위치하도록, 마이크의 높이는 발표자의 아랫입술 보다 약간 밑에 오도록 조절한다. 마이크가 얼굴이나 입을 가리면 청중들은 발표자의 입 모양을 볼 수가 없어 답답하기 때문이다. 그리고 입과의 거리는 주먹 하나 정도의 거리를 기준으로 하되, 마이크 성능에 따라 조절한다.

마이크는 하나의 도구이다. 마이크에 가까이 다가가려고 구부정한 자세가 되지 않도록 한다. 요령은 코끝과 배꼽을 수직 상태가 되도록 허리를 곧게 펴는 것이다. 마이크 위치가 편치 않을 땐 마이크를 뽑아 든다.

가수들은 비음(콧소리)까지 활용해야하기 때문에 마이크를 인중에 바짝 붙인다. 발표할 때는 얼굴이 그대로 드러나도록, 마이크 잡은 손을 앞가슴에 갖다 대는 모양이 자연스럽다.

▨ 셋째, 무대 활용법

연단을 이용할 경우 연단과 신체의 거리는 주먹 하나가 들락 날락할 정도를 기준으로 한다. 무릎을 곧추 세우는 게 중요하다. 그래야 등이 꼿꼿하게 펴지며 당당하고 자신 있는 모습으로 비춰질 수 있기 때문이다.

두 손은 연단의 두 모서리 위를 감싸 쥐듯 자연스럽게 얹기, 어깨의 힘을 뺀 상태로 깍지 끼워 연단 위에 올리기, 자연스럽게 내려뜨리거나 제스처 등을 혼용하며 변화를 주는 게 바람직하다.

발표할 때 두 손을 시종 앞으로 모아 잡으면 위축되어 보이고, 뒷짐 자세는 권위적으로 보일 우려가 있다.

연단이 없을 땐 청중석에서 보았을 때 어느 위치에 서서 발표하는 게 자연스럽겠는지를 미리 살피도록 한다.

권투경기에 30초 효과라는 말이 있다. 한 라운드 3분 경기에서 마지막 30초에 잘 싸우면 그 강한 인상이 지나간 2분 30초의 부진을 덮어준다는 뜻이다.

끈과 인사는 매듭을 잘 지어야한다고 했다. 스피치의 마무리를 할 때에도 시작할 때와 똑 같이 처음 인사했던 자리에 서서 인사하고 제자리로 되돌아오도록 한다. 인사하는 모습, 마이크 사용법, 무대 활용법 등이야말로 아마추어와 프로를 한 눈에 구분 짓게 해 준다.

면접 볼 때
세 가지 유의사항

프린스턴대 판매연구소 제이슨 박사는 실험을 위해 50명은 웃는 얼굴로, 50명은 무표정한 얼굴로, 50명은 신경질적인 얼굴로 물건을 팔라고 했다. 그 결과 웃음 팀은 목표량의 700%를, 무표정 팀은 20%를 팔았다. 하지만 인상을 찌푸린 팀은 아무것도 팔지 못했다.

스피치는 결국 나를 파는 것이다. 실제로 듣는 사람 10명 중 8명은 발표자의 표정을 살핀다. 이것은 최근 잡 코리아에서 국내기업 인사 담당자 289명을 대상으로 '첫인상이 면접에 미치는 영향'을 조사한 결과를 근거로 한다.

조사 결과 응답자의 80%(231명)가 첫인상을 채용기준의 하나로 고려하고 있다고 답했다. 면접 때 첫인상을 고려하지 않는다는 응답은 7.4%, 보통이라고 답한 비율은 12.6%였다.

우리나라 사람들은 5천년 동안 외세에 시달려왔다. 눈치, 코치, 육감까지 발달되어 있다. 첫인상이 결판나는 시간은 불과 3초이다.

어느 기업의 인사부장이 한 말이다.

"요즘 학생들은 예전의 우리들과는 많이 다르다고 하지만 면접 받을 때의 태도는 조금도 달라진 게 없어."

그의 말에 따르면 본인은 아무리 태연함을 가장해도 역시 긴장한 탓인지 몸의 움직임이 어딘가 어색하고 이야기를 시키면 말이 빨라지는 학생들이 적지 않다는 것이다.

필자는 면접시험 보러 가는 학생이나 직장인들에게 항상 다음 세 가지 당부를 하곤 한다.

첫째, 동작을 되도록 느리게 하라. 걸을 때도, 문을 열 때도, 인사를 할 때도, 의자에 앉을 때도, 그리고 이야기할 때도 '이렇게 천천히 해서 괜찮을까?' 하고 생각될 만큼 느리게 하는 것이 바람직하다. 그렇게 되면 평소의 자신으로 돌아갈 수가 있다. 즉 동작을 느리게 한다는데 마음을 집중시킴으로서 첫 만남에 대한 긴장이나 불안을 잊을 수가 있기 때문이다. 일종의 '바꾸어 놓기'인데 의외로 마음의 긴장이 제거된다.

면접시험에서 면접관의 질문이 끝나기가 무섭게 대답을 시작하는 수험생들에게 대부분의 면접관들은 불쾌한 느낌을 받는다고 한다. 기다리기라도 했다는 듯이 답을 하면 마치 이쪽의 속셈을 들여다보고 있는 것 같아 기분이 나쁘고, 남의 이야기를 깊이 생각하지 않는 독선적인 사람이라는 생각도 하게 된다는 것이다.

이런 때에는 상대방의 질문에 대해 한 템포 정도 느리게 대답을 시작하는 편이 무난하다. 그러면 사려 깊은 사람으로 보일 수가 있기 때문이다. 비단 면접 볼 때뿐만이 아니고 인터뷰나 회의석상, 평소의 대화에서도 마찬가지이다. 그러나 그 한 템포가 지나치게 길면 좀 모자라는 것처럼 보이기도 한다.

둘째, 모나리자 미소를 짓자. 「성공하는 사람에게는 표정이 있다」는 말도 있다. 여기서 '성공한 사람'을 본질이라고 한다면 '밝은 표정'을 현상이라고 말할 수 있다. 그러나 반대로 현상의 반복이 본질을 바꾸어놓는 일은 흔하다. 훌륭하지 않았던 사람도 '훌륭한 행동'을 많이 하면 '훌륭한 사람'으로 변신할 수 있지 않은가? 이처럼 '모나리자 미소'를 짓는 현상은 '긴장되었던' 본질을 바꾸어 놓을 수가 있다. 미소는 우월 의식으로 이어지고 심리적 안정을 가져와 여유 있고 자연스런 답변을 할 수 있게 된다.

셋째, 등을 곧게 펴자. 왜냐하면 등이 구부정하면 활력이 없어 보이고 인상도 별로 좋지 않기 때문이다. 이에 비해 등이 곧은 사람은 발랄해 보이고 믿을 수 있다는 인상을 준다. 특히 의자에 앉았을 때 구부정하면 상대방을 겁내거나 멀리하려는 것처럼 보인다. 자신감이 없어 보이는 것이다.

'자세를 바로 한다'라는 말에는 사생활을 건전하게 한다, 정면으로 대결한다는 등의 의미가 있다. 앉는 자세가 바르면 상대방을 정면에서 바라보게 되므로 성실한 사람, 유능한 사람이라는 인상을 준다. 사업상의 의논이나 면접 등 중요한 장소에

선 특히 의식적으로 등을 곧게 편다. 그것이 자기연출이요, 당신 인생의 성패와도 연결될 수 있다.

심리학적 측면에서 볼 때 등이 구부정한 사람은 내성적이며 방위적인 경향이 강하다고 한다. 이른바 사람을 싫어하는 유형이 적지 않다는 것이다.

첫인상이 나중에도 강력한 영향을 미치는 것을 '초두효과(Primary Effect)'라고 한다. 미국의 사회심리학자 솔로몬 아쉬는 일단 첫인상이 형성되면 나중에 들어오는 정보에 귀를 잘 기울이지 않는다고 했다. 이는 인간의 뇌가 수백만 년 동안 생존을 위해 내가 갈 낯선 장소가 안전한지, 내가 만나는 상대가 사기꾼은 아닌지 재빨리 판단하는 쪽으로 발달한 결과이다.

스피치의 성패는 청중과의 통로 만들기에 달려 있다. 내 말이 들어가야 목적을 이룰 수 있기 때문이다.

국내 인상학 박사 1호인 주선희 씨에 따르면, 인상을 만드는 요소 중 유전자는 고작 25%이고, 나머지는 필요에 의해 가꾸어진다고 했다. 밝은 표정을 만드는 가장 손쉽고 실용적인 방법은 웃음거울(smile mirror)을 활용하는 것이다.

전화기 옆에 거울을 놓고, 통화할 때 그 거울을 보고 미소를 지어보라. 목소리가 밝아질 것이다. 화장실에서 손을 씻을 때 역시 최대한 양볼 근육을 끌어올리며 위 치아가 8개 이상 드러나도록 씩 웃어보라. 인간은 40대를 넘어서면 되면 중력에 의해 양 볼이 처지게 되어 있다. 무표정한 얼굴, 신경질적인 얼굴이 되는 건 너무 쉽다.

좋은 인상의 기준은 세 가지이다. 첫째 안색, 둘째 정신이 머무는 집인 눈빛, 셋째는 위 치아가 얼마나 드러나느냐이다.

시선처리는
이렇게

일찍이 맹자는 "몸을 통하지 않고서는 나를 드러낼 수 없고, 상대방의 마음을 이해할 수 없다."고 했다. 몸말 중에서도 많은 훈련을 필요로 하는 항목이 바로 제스처와 시선처리 문제이다.

왜 시선처리인가?

소통은 서로 눈을 맞추면서 시작되기 때문이다. 영국의 인식 신경과학연구소에 따르면 아무리 매력적인 사람이라도 눈을 맞추지 않으면 뇌에서 어떤 반응도 일어나지 않는다고 한다. 독일의 인간행동학연구센터에서도 마음에 드는 사람을 만나면 좋아하는 감정을 표현하기 위해 눈을 자주 맞추려한다고 밝혔다.

눈은 마음의 거울이다. 눈은 설득력이 풍부하다. 무엇보다 청중은 발표자에게 주목 받고 싶어 한다.

일반적으로 자신감과 열정이 있는 사람들은 눈빛이 강렬하다. 반대로 소극적이고 자신감이 없으면 시선을 피하게 된다. 상대의 눈을 똑바로 쳐다보는 것은 쉬운 일이 아니다.

그런데, 가족이나 연인이 아닌데도 반드시 두 눈을 쳐다보며 말을 해야 할까? 그리고 그게 자연스러운가?

대화를 나눌 때는 서로 상대방 입가나 인중 부분, 또는 책상 위 등 얼굴 부위의 약간 아래 부분에 시선을 두는 게 자연스럽다. 그리고 스피치 할 때 시선처리법의 핵심은 초점을 푸는 것이다. 그러다가 서로 뭔가 확인할 대목이 있거나 교감되는 내용이 나오면 시선이 마주치게 된다. 이것이 자연스런 시선처리 방법이 아닐까?

이유는 두 가지이다.

첫째, 습관화되어 있지 않기 때문이다.

미국에서 3년 동안 유학생활을 마치고 돌아 온 조카 녀석이 한 번은 제 엄마에게 야단을 맞으면서도 엄마 얼굴을 빤히 쳐다보고 있었다. 훈계를 하던 엄마는 화가 폭발했다. "이 녀석! 엄마한테 대드는 거야?"

그러자 조카 입에서 나온 말은 이랬다.

"엄마, 미국에선 이렇게 안 쳐다보면 더 혼나는데요."

두 눈을 빤히 쳐다보며 발표하거나 대화하는 것은 서양의 행동양식이다. 미국은 서부개척시대 때 상대방의 눈빛을 보고 총을 먼저 뽑아야할 시점을 잡았다. 눈길을 피한다는 것은 항복과 패배를 의미했다. 산업화 시대, 정보화 시대로 넘어오면서도 그들은 눈을 쳐다보며 서로 이야기하는 것이 자연스럽다.

하지만 동양의 행동양식은 다르다. 어른이 얘기할 때 눈을 빤히 쳐다보는 것은 상상도 못할 일이었다. 이것은 곧 항거, 반박, 맞장을 의미했다. 용납 못할 행동으로 치부되었다.

동료와 대화할 때도 크게 다르지 않다. 눈 맞춤이 자연스런 상대는 가족이나 절친한 친구, 연인이 유일하다. 발표자와 청중은 가족이나 연인이 아니다. 두 눈만 쳐다보며 얘기하는 것은 습관화되지 않아 부담스러울 수 있다.

둘째, 생각을 모으는데 방해가 되기 때문이다.

경험이 풍부한 발표자도 처음 일정시간은 자기 페이스를 찾는데 집중해야한다. 하지만 특정인과 눈길이 자주 마주치면 상대방의 생각이 읽힌다. 상대방으로부터 우호적인 표정이 지속되지 않을 땐 잡념이 생기며 이야기 흐름을 흩트려 놓을 수 있다.

초점을 풀고 골고루 시선을 안배하는 게 요령이다. 시선 안배는 가운데 한 곳과 왼쪽 오른 쪽 한 군데씩을 정해 일정시간 동안 번갈아가며 바라보아주는 것이다. 시선을 옮기는 기준은 두 세 호흡 정도, 또는 새로운 화제로 흐름이 바뀔 때이다. 경험이 쌓여가더라도 이러한 기본 패턴은 유지하는 게 좋다.

눈 맞춤에 성공하면 스피치에 성공한다. 발표자의 눈길을 벗어나면 청중은 곧 잡념에 빠지고 만다. 여기에서의 눈 맞춤은 꼭 눈길을 빤히 맞추어 쳐다보는 것이 아니라, 청중의 입장에

서 자신에게 눈길만 오면 된다는 뜻으로 이해하라. 이것이 군
중심리를 활용하는 것이고, 자연스런 시선처리 방법이다.

바디 랭귀지,
내 안에 있다

바람직하지 못한 태도가 있다.

뒷짐 지기	권위를 나타내려는 잠재의식의 표현이다. 거부감을 줄 수 있다.
팔짱 끼기	상대로부터 자신을 방어하고자 하는 심리의 표현이다. 호의가 없다는 부정적 암시이다.
두 손 비비기	자신 없음과 마음이 약함을 나타낸다. 겸허함 보다는 아첨하는 동작으로 보일 수 있다.
두리번거리는 시선	자신이 없거나 뭔가를 살핀다는 가벼운 이미지를 줄 수 있다.
발의 위치	너무 넓게, 한 뼘 이상 벌리고 서 있으면 단정하지 못하다. 바보스럽다는 이미지를 줄 수 있다.

무대 위에 선 발표자는 적어도 그 시간만큼은 그 공간에서 가장 영향력이 있는 사람이다. 따라서 청중은 발표자의 일거수일투족을 관찰한다. 거울 앞이나 비디오 모니터링 등을 통해 말할 때 자신의 얼굴표정, 손짓, 몸짓, 자세 등을 확인해 두는

것이 좋다. 바디 랭귀지 역시 객관적인 관점이 필요하다.

95세까지 현역으로 활약한 스토코프스키, 89세로 타계한 토스카니니 등 클래식 지휘자 중에는 오래 산 사람이 유난히 많다. 일찍이 미국의 아틀라스 박사는 "대 지휘자 중에는 일찍 죽은 사람이 없다"는 재미있는 주장을 하기도 했다. 그가 조사한 바에 따르면, 미국인 남성의 평균 수명이 68.5세인데 반해 유명 지휘자의 경우 73.4세였다. 왜 지휘자는 오래 살까?

아틀라스 박사는 정신적인 충족감과 지휘할 때의 역동적인 동작에서 그 해답을 찾았다. 비록 음악적인 재능이 없더라도 오래 살고 싶다면 두 손을 적극적으로 움직이고, 온 몸으로 표현하는 바디랭귀지를 생활화 해보는 건 어떨까.

바디 랭귀지 능력은 이미 내 안에 잠재되어 있다. 가족이나 친한 벗들과 대화를 나눌 때 서로의 모습을 가만히 살펴보라. 무의식중에 두 손과 몸이 아주 자연스럽게 움직이는 것을 발견할 수 있을 것이다.

하지만 발표무대에 서면 두 손과 몸이 굳어버린다. 긴장하고 있다는 증거다. 손은 제2의 뇌다. 뇌와 두 손은 가장 많은 신경망으로 연결되어 있어 두 손의 움직임을 보면 심리상태를 알 수 있다.

유연한 제스처를 구사하기 위한 방법은 일상생활에서 무의식중에 움직이는 나의 두 손을 의식에 심어놓기이다. 생활 속 바디 랭귀지는 너무 쉽다. 현관에서 가족 껴안기, 고개를 깊이

숙여 정중하게 인사하기, 평상시에 감정을 온 몸으로 표현하거
나 악수 제대로 하기 등이다. TV홈쇼핑에 출연하는 쇼 호스트
의 손동작을 유심히 살피며 따라 해보는 것도 좋은 학습 방법
이라 할 수 있다.

스토리텔링으로
마음을 훔쳐라

⋯⋯⋯⋯⋯⋯⋯⋯• 발표자가 하는 말의 내용이 집중되어 들리는 경우는 대개 둘 중 하나, 자신에게 필요한 말이거나 아니면 재미있는 이야기로 흥미를 끌 때이다. 재미있는 이야기도 재미없게 하는 사람이 있고, 재미없는 이야기도 재미있게 잘 풀어내는 사람이 있다. 차이가 무엇일까? 이 장에서는 뛰어난 각인 효과와 영향력, 확산력 등을 발휘할 수 있는 콘텐츠 구성법, 스토리텔링으로 청중의 마음을 훔치는 방법을 알아볼 것이다.

스피치 스타의
5가지 콘텐츠 구성법

❶ 말은 곧 돈이다

톨스토이는 "가장 위대하고 심오한 진리는 가장 단순하고 소박하다"고 했다. 말의 내용에는 5가지가 있다.

🔊 말의 5가지

꼭 필요한 말	질문, 키 메시지, 비전 제시
하면 좋은 말	적절한 예화, 칭찬, 인정, 격려, 웃음을 주는 말
해도 그만 안 해도 그만인 말	이미 알고 있는 사실 설명, 군더더기 말
안 하는 편이 좋은 말	과도한 자기자랑, 가르치려 드는 말
절대로 해서는 안 될 말	험담, 비난, 비평, 불평

◀) 돈의 5가지

꼭 써야할 돈	자기계발, 세 번 생각해도 필요한 물건, 저축
쓰면 좋은 돈	기부, 용돈 주기, 밥값, 차(tea)값
써도 그만 안 써도 그만인 돈	군것질
안 쓰는 편이 좋은 돈	충동구매, 담배 값, 과다한 음주가무
절대로 써서는 안 될 돈	낭비, 사치하는데

이렇게 보면 Speech와 Money는 동의어가 아닐까?

❷ 분위기를 파악하라

말을 돈처럼 아끼고 꼭 필요한 말만 하려면 분위기 파악이 중요하다. 어느 날 자금이 묵자(중국 춘추전국시대의 철학자)를 찾아왔다.

"저는 말 잘하는 사람만 보면 존경심이 절로 솟아오릅니다. 그런 사람은 발음이 정확하고 태도도 바르지요. 그런데 저는 사람들 앞에 서면 다리가 후들거리고 입이 떨어지지 않습니다. 말 잘하는 방법이 있을까요?"

"말은 그다지 중요한 게 아니오. 세상 만물이 다들 말을 하고 살지는 않소. 해와 달은 천지를 비춰도 늘 말없이 제 할 일을 할 뿐이오. 나무가 말을 안 해도 우리에게 주는 이로움이 줄지는 않소. 아무리 언변이 좋아도 까만 말이 하얗게 변할 수는 없는 법이오."

자금은 고개를 끄덕였지만 여전히 궁금한 것이 있었다.

"하지만 말을 잘하는 능력이 있다면 유용할 것입니다. 어떻게 하면 화술이 뛰어날까요?"

"그대가 그리 간절하니 예를 들어 설명해주겠소. 파리와 모기는 하루 종일 쉬지 않고 소리를 내지요. 하지만 그 소리가 아름답게 들리던가요? 이들이 내는 소리는 아무 작용도 하지 않고 사람을 괴롭힐 뿐입니다. 하지만 수탉이 아무 때나 울던가요? 날이 밝기 시작할 때 수탉이 우는 소리를 듣고서야 사람들이 잠에서 깨 움직이지 않습니까?"

자금은 무릎을 탁 쳤다.

"아, 알겠습니다. 말할 때는 다시 한 번 생각하고, 말할 필요가 없을 때는 입을 열 필요가 없다는 거군요."

묵자는 빙그레 웃으며 고개를 끄덕였다.

❸ 키 메시지를 분명히

꽃에 향기가 있고, 요리는 맛이 중요하듯, 말은 메시지가 분명해야 한다.

외국으로 여행갈 때 중요한 것 두 가지는?

여권과 지갑이다. 다른 건 부차적이고 얼마든지 조달이 가능하다. 축구에서 중요한 것 역시 슈팅이 아니라 골이다.

오바마 미국 대통령이 선거전에서 항상 국민에게 외치던 말이 있다.

"Yes, we can!"

일본 스모대회 시상식에서 부상을 견디고 우승한 다카노 하나에게 건넨 일본 고이즈미 준이치로 전 총리의 유명한 말도 있다.

"고통을 이기고 잘 싸웠다. 감동했다. 축하한다!"

자기소개를 할 때 '저의 장점은 세 가지입니다. 첫째, 둘째, 셋째.'로, 문제해결에 대한 보고를 할 때도 '문제, 원인, 해결책'으로, 미래를 위한 비전파워를 만들 때도 'Will(하고 싶은 것), Must(해야 하는 것), Can(할 수 있는 것)'으로 정리를 해보라.

1분 스피치든 1시간 강연에서든 남는 것은 결국 한 마디이다. 핵심 메시지를 분명히 하라.

❹ 조리 있게 말하라

말하기에도 자격시험이 있다면 '조리 있게 말하기'는 중요한 평가요소 가운데 하나가 될 것이다. 조리 있는 말이란 뭘까?

내용이 귀에 쏙쏙 들어오는 말, 논리적으로 앞뒤가 맞고, 군더더기가 없는 말이다. 소설가 생텍쥐페리는 "완성이란 무엇인가. 덧붙일 게 없는 상태가 아니라 더 떼어낼 것이 없는 경지를 말한다."고 했다.

"요지는! 왜냐하면! 예컨대! 그래서!"

이것은 조리 있게 말하기의 정석이다. 결론을 먼저 말하고, 이유를 대고, 구체적 사례를 소개한 다음, 마무리를 하는 것이다. 네 가지를 알면 생각을 조리 있게 말할 수 있다.

말의 군더더기를 없애는데 다음 방법이 도움이 될 것이다.

첫째, 말하고자하는 내용을 한 문장으로 압축시켜보라.

'이것에 대해 말하겠다.'라는 키워드 설정은 얘기 방향을 분명하게 잡아주는 북극성 역할을 한다.

둘째, 첫마디를 들리게 하라.

스릴러 영화의 거장 알프레드 히치콕(Alfred Hitchcock)은 "영화가 보여줄 수 있는 모든 재미와 감동은 대개 첫 장면에서 결정된다."고 말했다. 처음 시작할 때의 열 마디가 그 뒤에 오는 만 마디의 단어를 규정한다. 미국 제1의 대중연설가로 뽑혔던 엘머 휠러도 강조했다.

"스테이크가 아닌 지글지글을 팔아라!(Don't sell the steak, sell the sizzle.)"

이른바 씨즐 화법이다.

셋째, 마감효과를 활용하라.

미국 최초의 토크쇼 제작자 존.M.샤너핸도 "마감시간이야말로 모든 발명의 어머니다."라고 했다. 마감효과란 마감 직전이 되면 집중력이 높아지는 원리를 일컫는다. 말이 길어지면 핵심이 무엇인지 파악하기 어렵다. '이 주제는 1분 이내에 끝내겠다, 5분 안에 마치겠다.'는 마음속 다짐은 집중도를 높여 횡설수설하는 현상을 막는 결정적 역할을 하게 된다.

❺ 마음을 끌어당기는 말하기 기술, 씨즐 화법

씨즐(sizzle)이란, 고기를 구울 때 나는 '지글지글' 소리를 뜻한다. 씨즐화법이란, 스테이크를 팔려면 고기 굽는 소리로 구미를 자극하듯 첫마디를 들리게 말하라는 것이다.

광고하는 사람들이 입에 달고 다니는 말 가운데 하나가 바로 '씨즐'이다. 식품광고에 있어서 씨즐은 생명이다. 콜라광고를 보면 갑자기 타는 목마름을 느껴야한다. 그래서 먹고 싶은 기분이 들도록 만든 광고를 '씨즐광고'라고 부르기도 한다.

씨즐이란 인간심리의 과녁을 찌르는 말이자 상대방이 저항하지 못하고 끌려들게 하는 마술적인 주문(呪文)이다. 그렇다면 씨즐을 만드는 방법은 무엇일까?

- 우선 듣는 이의 절실한 관심사가 무엇인지 두세 가지 떠올려본다.
- 가장 어필할만한 소재를 선별한다.
- 그것을 간결하고 강력하게 다듬어 스피치 맨 앞에 배치한다.

스피치를 시작하자마자 10초 내에 청중에게 들려주는 게 핵심이다. 이것은 대화의 경우에도 적용이 가능하다.

"엄마, 그것 아세요?"

아들 녀석이 내게 말을 걸 때 주로 사용하는 방법이다.

"궁금해서 그러는데..."

이것은 내가 아이의 말문을 열게 하는 질문 씨즐이다. 말문이 닫힌 사람의 이야기보따리를 풀게 하고 싶다면 활용해보라. 씨즐은 모든 테이블 스피치, 강의, 대화, 자기소개 등에서 활용이 된다.

상대방이 지금 아쉬워하는 것, 원하는 것, 궁금해 하는 것이 무엇일까?

지금 처한 곤경은 무엇일까? 해결은 무엇으로 가능할 수 있을까?

내가 전하고자하는 내용에 귀를 기울이도록 하려면 어떤 말로 시작하는 게 효과적일까?

씨즐을 찾아라. 씨즐을 들려줘라. 그래야 마음을 끌어당길 수 있다.

생산적으로 말하는
5가지 방법

❶ 순서를 정해 말하라

미국 유타주에 산불이 났다. 곧바로 소방대원들이 투입되었지만 강한 바람을 타고 번지는 불길을 잡기에는 역부족이었다. 끝내 소방대원들도 포기하고 흩어졌다. 하지만 보기 드문 장면을 찍느라 제때에 피하지 못한 사람이 있었다. 사진작가 딕스였다.

정신을 차렸을 때는 불구덩이 한가운데였다. 사방이 회색 재와 그을음으로 방향도 분간하기 어려웠다. 하늘조차 보이지 않은 불바다 속에서 딕스가 떠올렸던 생각 하나, 그것은 바로 소방대원들이 철수하면서 미처 거두지 못한 소방호스를 따라가면 안전한 곳에 이를 것이라는 생각이었다. 그 판단은 들어맞았고, 딕스는 자신의 생명을 구할 수 있었다.

스피치에도 말의 생명을 살려주는 소방호스가 있다. 스피치의 맛을 제대로 내려면 설계를 해야 한다. 먼저 뼈대를 세우고 거기에 살을 붙여나가는 방법이다. 목적별 스피치의 순서를 알아본다.

자기소개	첫인사-소속과 이름-관심사, 꿈, 취미나 특기, 핸디캡 중에서 택일-느낌이나 소감, 다짐 등-끝인사
주제발표	첫인사-자기소개-주제 언급-내용발표-주제 언급(마무리)-끝인사
후보연설문	첫인사-자기소개-출마배경-공약사항(3개 정도)-다짐과 당부의 말-끝인사
행사 연설	첫인사-내 외빈 참석에 감사-날씨 언급-준비과정 소개-행사 취지 언급-성공기원 멘트-끝인사
취임사	첫인사-참석자에게 감사-취임의 변-비전 제시-당부의 말-끝인사
개업인사	감사인사-연혁, 경과 소개-업무내용 안내 및 비전 제시-협조 당부-공적 기여부문 언급-감사인사
강의	도입-전개-정리를 기본으로 하되, 구체적으로는 동기유발-학습 목표제시-학습 전개-정리 및 요약-소감, 또는 평가

❷ 어려운 말도 쉽게 하라

〈달과 6펜스〉로 유명한 영국 문호 서머셋 몸의 75번째 생일에 친구가 물었다.

"지금까지 가장 기뻤던 일이 무엇인가?"

서머셋 몸은 빙긋이 웃으며 대답했다.

"제2차 세계대전 때 한 병사에게 편지를 받았는데, 이런 내용이었다네. '당신 작품을 읽었는데 한 번도 사전을 찾아보지 않고 읽을 수 있었습니다. 감사합니다.' 내게 그 이상의 기쁨은 없었다네."

아동문학작가 윤석중은 "글을 어렵게 쓰기는 쉽고, 쉽게 쓰기는 어렵다"고 했다. 말도 마찬가지다. 어렵게 말하기는 쉽고 쉽게 말하기는 어렵다.

말하는 사람이 어떤 내용을 제대로 이해한 다음 말을 하면 듣기가 쉬워진다. 이해하고 설명하면 쉬운데 외워서하니까 어렵다. 따라서 쉽고 분명하게 말하는 사람은 내용에 대한 충분한 이해와 숙성의 과정을 거친 사람이다.

쉽게 말하는 목적은 교감에 있다. 생각은 지혜로운 사람처럼 하되 말은 평범한 사람처럼 해야 한다. 그렇다면 쉽게 말하는 기준은 무엇일까?

그것은 중학교 2학년 학생도 충분히 알아들을 수 있을 정도의 수준을 말한다. 출판계에서 말하는 '대중성'의 기준이기도 하다. 교감을 위한 요건을 알아보자.

첫째, 상대의 관심사를 그들의 어휘로 표현하라

어휘는 때로 교감의 매개물이 된다. 이외수의 저서 〈하악 하악〉을 보면 10대들의 용어가 거침없이 튀어나온다. '쩐다'라는 동사가 대표적이다.

'허세 한번 쩔지 않냐.'

60대의 할아버지 분위기 나는 사람이 이런 말을 적절하게 사용하는 모습에서 10대들은 열광한다. 특정 대상과 소통을 하려면 그들의 언어를 사용하는 게 1차적 성공조건이라는 것을 작가 이외수는 꿰뚫고 있는 것이다. 아이돌 스타들은 이외수의 말을 방송에 나와 옮기고, 10대들은 이것을 다시 교실에서 전파한다.

둘째, 예화나 사례로 그리듯이 말하라.

어려운 과학 이야기를 재미있게 전달하는데 사명감을 갖고 일한다는 '춤추는 과학강사' 장하나씨, 그녀는 교감화법의 대가다.

"한 여학생이 연예인 이승기와 유재석을 함께 만났다고 합시다. 그 여학생이 두 사람 사이에서 팔짱을 끼고 있다고 했을 때 그 팔짱을 놓고 싶겠습니까? 절대 안 놓죠? 분자간의 인력이 단단해서 떨어지지 않는 것, 그것이 바로 고체입니다."

메시지를 전달하기 위한 예화 찾기, 교감과 설득의 필수 과정이다.

셋째, 단문형으로 말하라.

문장의 길이는 호흡과도 같다. 길고 짧은 것은 대봐야 알겠지만, 긴 문장이 짧은 문장보다 나은 경우는 별로 없다. 우리글에서 하나의 문장이 60자 정도를 넘으면 그 길이가 길다고 할 수 있다. 단문형의 기준은 한 문장에 하나의 내용 담기이다. 단순함은 고도의 정교함이다. 참으로 유익하고 참으로 선하고 참으로 위대한 것은 언제나 단순하다.

'결론부터 이야기하라. 단문으로 이야기하라. 한 장으로 요약하라.'

보고를 잘하기 위한 기본 원칙이다.

❸ 프레이밍 효과를 활용하라

미국 물리학자 리처드 파인만은 노벨상을 받기 위해 스웨덴까지 가는 게 귀찮아 시상식 참석을 거절했다. 많은 사람들이 그를 설득했지만 소용이 없었다. 그런데 그의 부인은 단 한마디로 그를 설득했다.

"당신은 노벨상을 거부한 세계 최초의 수상자가 될 텐데, 그럼 그 다음 2주 동안은 기자들을 상대하느라 더 귀찮을 거예요."

일반적으로 인간의 의사결정은 문제의 제시 방법에 따라 크게 달라진다. 이 때 문제의 표현방법을 판단에 있어서의 '프레임(frame)'이라 부르고, 프레임이 달라지는 것에 따라 판단이나 선택이 변하는 것을 '프레이밍 효과'라 한다.

지방 함유량이 같은 고기 두 덩어리에 각각 '25% 저지방 함유'와 '75% 지방 함유'라고 써 붙였을 때 소비자들은 어떤 고기를 선호할까?

답은 '25% 저지방 함유' 고기다. 긍정적인 방식으로 말할 때 더 좋게 평가하는 '프레이밍 효과' 때문이다. '고작 1%'와 '1% 나 된다'는 말의 차이가 천양지차의 결과를 가져오는 것도 같은 원리이다.

심리학자 대니얼 카너먼과 아모스 트버스키는 이 같은 실험을 통해 사람들이 늘 합리적인 판단을 내리지 않는다는 것을 증명했다.

이는 판단에 있어서 흔히 범하는 오류로 사람은 자신이 합리적인 선택을 했다고 생각하지만 본질적으로 감성적 판단에 의해서 의사결정을 하는 경향이 강하다. 때문에 이 같은 프레이밍 기법을 활용하면 상대방의 의사결정에 중요한 영향을 끼칠 수 있게 된다. 실제로 이것은 마케팅 분야에서 이미 널리 사용되고 있는 기법이다.

우리의 인간관계에서도 프레이밍 기법은 유용하게 쓰일 수 있다. 같은 문제라도 긍정적 프레임과 대안을 제시함으로써 구성원의 의사결정을 특정방향으로 유도하는 것 또한 말 잘하는 사람의 자질이라 할 수 있지 않을까?

❹ 지루한 내용도 흥미 있게

[의사 선생님의 강의]

남성이 음주 후 성관계를 가질 경우 정자의 운동량은 현저히 떨어지는 것으로 학계에서는 보고되고 있습니다.

[구성애 강사]

남자가 술을 잔뜩 마셨어요. 성관계를 가져요. 정자가 제 정신이겠습니까? 헤롱 헤롱~ 정자가 그 정신으로 난자를 만나면 어떤 아기가 태어나겠어요.

재미있는 이야기도 재미없게 하는 사람이 있고, 재미없는 이야기도 재미있게 잘 풀어내는 사람이 있다. 차이가 무엇일까?

재미있음과 재미없음에는 경계선이 있다. 한 시간 강의도 몸을 뒤척이게 할 정도로 따분하게 진행하는 강사가 있는가 하면, 8시간 강의도 8분처럼 느껴지게 하는 강사가 있다. 그러한 집중과 재미는 자연스러움에서 묻어나오며, 이러한 자연스러움은 대개 재미있게 전달하려는 노력에서 나오는 열매다.

'기원전 321255년 아프리카. 부족 간 싸움이 붙었다. 한쪽 우두머리가 적을 치려고 돌덩이를 치켜든 순간, 하늘을 날던 독수리가 똥을 싼다. 똥은 우두머리의 눈에 정통으로 떨어진다. 잠시 정적이 흐른 후, 폭소가 터진다.'

베르나르 베르베르의 장편 〈웃음〉에 나오는 한 대목이다. 작가에 따르면 유머의 기원은 '몸'이다. 예기치 못한 사건으로 몸이 평소 모습에서 벗어날 때 우리는 웃음을 터뜨린다. 그 다음은 '말'일 터다. "싫으면 시집 가" 류의 말장난. '공감개그' '시사풍자'는 그 다음 차례다.

유머는 진화한다. 상황대응 능력을 기르는 데에는 웃음사고가 해법이다. '이 내용을 보다 재미있게 전달하는 방법은 없을까?'를 생각해보라. 재미있게 말하는 사람들의 특징은, 경험과 직관을 통해 어떤 이야기를 했을 때 '빵!'하고 웃음이 터지는 대목, 박수가 나오는 지점들을 익숙하게 꿰고 있다.

같은 이야기도 세 번 정도 하다보면 웃음이 터지거나 집중도가 달라지는 맥락을 잡을 수가 있다. 메모하거나 기억하면 내 것이 된다. 영어, 수학은 기본기가, 귀를 붙드는 전달법은 노력이 좌우한다.

➎ 요점은 3가지로 종합하라

스피치의 포인트는 되도록 축소하는 편이 효과가 높다. 3개 정도가 그 한계이다. 한번은 모 방송국에서 개최한 교양강좌를 들으러간 적이 있다. 다음은 방심혈관질환 위험인자인 '고지혈증'과 관련하여 〈일반인들한테 특히 강조하고 싶은 점〉에 대한 서울대학교 의과대학 김효수 교수의 말이다.

"진료하면서 환자들이 기억하기 좋도록 3·3·3을 강조합니다. 식이요법, 운동요법, 생활철학에서 각각 3가지를 강조하고 있습니다.

첫째, 식이요법에서는 적게 먹는 것, 야채류를 주로 먹는 것, 짜게 먹지 않는 게 중요합니다.

둘째, 운동요법은 일주일에 3일 이상 운동을 해야 하며, 운동 전 3분 정도는 스트레칭 등으로 준비운동을 해야 하고, 한번 운동을 할 때 최소한 30분 이상은 해야 합니다.

셋째, 생활철학은 술은 가능한 마시지 말고 마시더라도 2~3잔 이내로 마시도록 하며, 담배는 끊고, 적당한 몸무게를 유지하는 것입니다. 일단 콜레스테롤이 높다면 3·3·3 생활요법으로 관리해 보고 힘들다면 콜레스테롤을 떨어뜨리는 좋은 약들이 많으므로 너무 스트레스 받을 필요는 없습니다."

3·3·3은 정말 훌륭한 요약이다. 사람에게는 3이라는 숫자에 안정을 느끼는 심리가 있다.

하나로는 어쩐지 쓸쓸하다. 둘은 안정되지 않는다. 그러나 셋이 모이면 서로가 얽혀 안정감을 느끼게 된다.

설득력 있는 사람들은 이런 심리작용을 무의식적으로 이용한다. 어떤 문제에 있어서나 "여기에는 세 가지 해법이 있습니다."라든가 "문제점은 세 가지입니다."라는 식으로 압축시킨다. 문제가 정리되어 이해하기가 쉬워지고 전체적인 이미지파악도 얼른 되기 때문이다. 이것저것 대단한 것처럼 늘여놓다가는 오히려 인상만 흐려질 뿐이다.

　이는 면접에서도 마찬가지이다. 모든 일을 잘한다기보다는 "호기심과 일에 대한 열정, 그리고 등산이라면 누구에게도 지지 않을 자신이 있다."는 식으로 축소시키면 면접관이 받는 인상이 훨씬 강해진다.

실용화법 4가지
(보고화법, 세일즈화법, 질문화법, 면접화법)

❶ 보고 화법

▒ 보고를 잘해야 성공한다

함흥차사라는 말이 있다. 한 번 가면 통신두절이 되는 사람에게 붙여지는 별명이다.

"중국사람은 밖에 나가면 돈을 보내오고 일본사람은 밖에 나가면 정보를 보내온다."는 말이 있다. 상술에 뛰어난 중국인과 정보에 능한 일본상인을 빗대서 하는 말이다.

그렇다면 우리나라 사람은 밖에 나가면 무엇을 보내올까?

유감스럽게도 대부분의 사람들은 통신두절이다. 오죽하면 '무소식이 희소식'이라는 속담까지 생겨났겠는가?

그러나 오늘날은 모든 것이 급변하고 있는 정보사회이다. 조직에서 경영자나 관리자는 의사결정에 필요한 정보를 조금이라도 빨리 얻기 위해서 늘 고심하고 있다. 따라서 직장에서 상사에게 인정을 받고 있는 사람을 보면 각종 보고를 명쾌하게 하는 사람들이다.

상사로부터 업무지시를 받으면 우선 업무 추진의 개요를 보고하고 업무수행 중에는 중간보고를 하며 일이 완료된 후에는 사후보고까지 하는 사람은 그만큼 상사의 부담을 덜어주는 사람이다. 또한 이럴 경우 중간 중간에 수정지시를 받을 수 있으므로 일이 잘못 진행되는 경우는 거의 발생하지 않는다.

상사로부터 부름을 받기 전에는 좀처럼 보고를 하지 않는 직장인도 있다. 단지 시키는 일만 묵묵히 한다. 이런 타입의 직장인은 정보사회에서 낙오하기 쉽다. 조금이라도 이러한 경향이 있는 사람은 정보라는 단어가 '정황을 보고한다.'는 표현에서 나왔다는 것을 음미해 볼 필요가 있다.

▨ 능력을 인정받는 보고 기법

상사의 질문에 어떻게 답변해야할까? 검토해야 할 세 가지 관점이 있다.

첫째, 상대방의 관점이다. 보고는 전문성 과시가 아닌 협조나 동의, 승인을 얻기 위함이라는 사실을 잊지 말자.

둘째, 목적의 관점이다. '왜 보고하지?'라고 스스로에게 질문해보는 태도가 중요하다.

셋째, 윤리적 관점이다. 소탐대실이다. 자신이나 자기가 속한 팀에게 불리한 내용을 숨기려하고 있진 않는가?

성공적인 보고란 보고자가 상사로부터 원하는 피드백을 받는 것이다. 이것은 화살과 과녁의 원리에 비유할 수 있다. 질문을 받으면 그 질문에 맞는 답변을 먼저 하여 상대방을 만족시켜야한다.

예를 들어 "신입사원 연수가 예정대로 진행되고 있느냐."는 질문이 원하는 답변은 "예정대로 진행된다.", "예정보다 늦어지고 있다.", "예정보다 빨리 진행되고 있다." 중 하나일 것이다. 그 다음에 진행상황을 설명한다. 물론 이 때 되도록 명료하게 정리해서 설명해야한다.

실제 일을 진행하다보면 예상치 못했던 일이 발생하는 경우가 많아 이런저런 설명을 하고 싶어진다. 하지만 그것은 상사의 주요 관심사가 아니다. 상사는 결론, 그 다음은 핵심 사유만 기억한다. 객관적이고 정확한 내용을 간결하게 준비해야하는 이유이다.

▨ 업무개선 제안법

업무개선이란 일상 업무 속에서 문제점을 찾아내어 그 원인을 분석, 해결책을 강구하고자 하는 것이다. 어떻게 설명해야 상사가 이해하고 승인해줄 것인가?

머리에 떠오르는 대로 얘기해봤자 상대는 이해하지 못한다. 따라서 들을 준비를 시킨 다음 요점, 제안 내용, 구체적 근거 순으로 말하되 수치 데이터가 있는 경우에는 그 수치 데이터를 사용하여 근거를 제시한다. 수치 데이터가 없더라도 제안 내용에 따른 효과를 구체적으로 언급하면 설득력을 발휘하게 될 것이다. 이 때 당연히 나올 수 있는 예상 질문이나 반대 의견에 대비하는 게 중요하다.

제안할 때는 미리 제안 내용의 약점이나 상대가 이해하기 어려운 점을 파악해야한다. 그런 부분에서 질문, 또는 반대의견이 집중되기 때문이다. 느닷없는 질문이나 반대 의견에 당황하여 허둥지둥하면 제안자에 대한 평가가 낮아진다. 반대로 침착하게 적절한 대응을 하면 평가가 높아진다. 제안 내용은 물론 질문이나 반론에도 충분한 준비가 필요하다.

❷ 세일즈 화법

🔊 세일즈의 성공 3단계

첫째, 가망고객 발굴

둘째, 프레젠테이션

셋째, 팔로우 업(관리)

세일즈맨의 성공은 새로운 고객과 대면하는 능력에 비례한다. 왜냐하면 판매는 숫자 게임이니까.

인생은 세일즈다. 의사는 의술을 팔고, 스포츠 선수는 경기력을, 강사는 지식을 판다. 직접 현장에서 고객을 만나는 세일즈맨은 물론 우리는 누구에겐가 자신의 상품을 팔고 있는 것이다.

세일즈 격언으로 절차 8분, 실행 2분이라는 말이 있다. 계획과 준비가 먼저라는 것이다. 판매행위는 하나의 문제해결과정이라고 할 수 있으므로 항상 고객의 입장에서 바라볼 필요가 있다. 그리고 무슨 말을, 어떤 식으로, 어떤 모습으로 얘기할 것인가를 늘 생각하고 있어야 한다.

세일즈의 단계는 '접근-설명-거절과 반론극복-결말'로 압축할 수 있다. 중요한 대목은 거절과 반론극복의 단계이다. 톨스토이가 말했다.

"사람을 설득하려면 이익과 공포의 두 가지 지렛대를 적절히 사용하라."

이익만 주는 것이 아니라 그 이익을 가지지 못하였을 때의 공포감을 심어주어라는 것이다.

반드시 통하는 '3Why법칙'이 있다. 3Why는 왜? 왜? 왜? 하고 세 번 묻는 것이다. 이건 누군가를 설득 할 때 대단히 유용하다.

첫 번째 Why는 '왜 필요한가?'이다.

인간은 의미를 발견하거나 절박한 상태일 때 행동한다. 대학을 안 가려하고, 공부를 싫어하는 학생에게 공부하라고 강요해봐야 소용없다. 공부가 왜 중요한지, 왜 좋은 대학을 가야 하는지 생각해 보게 하고 충분히 이해를 시키는 일이 먼저다.

두 번째 Why는 '왜 이 상품인가?'이다.

여기서 중요한 건 사람들이 끊임없이 '더 좋은 게, 더 나은 게 있을 거야'하는 의심에 대처하는 일이다. 만약 고객이 경쟁사에 대해서 물어보면 "네, 경쟁사 아주 훌륭합니다. 그렇지만 거기엔 없는 것이 이 제품에는 있습니다." 이 한마디가 필요하다. Yes but 화법이다.

혹시 지적을 당하더라도 "아하! 알고 있습니다. 하지만 그건 별로 중요하지 않기 때문에 저희 회사에서는 뺐습니다."하면 된다.

Yes and 화법도 있다. "분명히 가격은 그렇습니다. 사실 비싼 데는 그만한 이유가 있습니다."하는 식이다.

세 번째 Why는 '왜 지금 당장 결정해야 하는가?' 이다.

홈쇼핑 종사자에 따르면 우리나라 소비자와 중국의 소비자는 다르다고 한다. 중국의 홈쇼핑은 방송이 끝난 다음 주문이 들어오기 시작한다. 의심이 많기 때문이다. 반면 한국은 방송을 시작해서 5분 후면 주문이 들어오고 방송이 끝나면 주문도 끝난다.

"오늘이 마지막입니다.", "몇 대 안 남았습니다.", "오늘만 이 조건입니다."라는 멘트, 자주 접해 보지 않았는가?

클레임이 걸렸을 때의 화법도 살펴보자.

예컨대 "조금 비싸군요."라고 말한다면 "비싸다고 생각하시는군요."라고 되받는다. 혹은 "사이즈가 너무 커요."라고 하면 "사이즈가 크다는 말씀이시군요."라고 응답한다. 앵무새 화법이다.

앵무새 화법은 앵무새처럼 고객의 말을 따라함으로써 쿠션을 일으켜 상대방의 감정을 순화시킬 수 있다.

가령 상품 납입이 늦어 거래처 직원이 화를 내며 전화를 했다고 하자.

"아직도 월요일에 약속한 물건을 안 보내면 어떡합니까!"라고 말했을 때 "아직도 도착하지 않았군요."라고 하면 상대방은 뭔가 말을 해야 하기 때문에 "언제 보내줄 건지 바로 알아봐주세요!"할 것이다. 이 때 "정말 죄송합니다. 바로 조사해서 연락드리겠습니다."하고 대응하는 것이다.

되받아치는 질문화법도 있다. 이것은 상대방의 반론에 대해 질문으로 되받는 방식이다.

예컨대 "디자인이 좀 그렇군요."라고 하면, "디자인의 어느 부분이 마음에 안 드십니까?"라고 대꾸한다. 혹은 "예산이 없어서"라고 한다면 "그러면 어느 정도의 가격이라면 예산 안에 들어갈까요?"하는 식이다.

세일즈맨이란 고객에게 즐거움을 선사하고 문제를 해결해주고 기회를 찾아주고 꿈을 현실화시켜주는 사람이다. 고객의 클레임에 대해서는 언제나 복창하면서 응대하라. 그러면 고객의 반응은 호감으로 바뀔 확률이 높다. 명창을 만드는 유능한 고

수처럼 맞장구로 복창함으로써 얻을 수 있는 이득이 있다.

첫째, 고객의 감정을 순화시킬 수 있다.

둘째, 고객의 마음을 이해할 수 있다.

셋째, 대답할 내용을 구상할 수 있다.

일석삼조가 아닌가?

세일즈는 고객의 욕구 파악, 자극, 코드 맞추기로 정리할 수 있다. 한 증권회사의 세일즈맨으로부터 세일즈의 첫 번째 마음가짐을 들었다.

"방문할 때마다 상대가 납득할 만한 정보를 하나씩만 주고 오는 것입니다."

칭찬, 선물, 질문, 웃음, 아이디어 제공 등은 고객에게 좋은 인상을 줄 수 있는 효과적인 방법들이다.

3Why를 정리해보자.

첫째, 왜 필요한가? 니즈를 충분히 일으켜야 한다.

둘째, 왜 이 상품인가? 경쟁사 제품과 차별화 된 좋은 것을 한 가지 이상은 알려준다.

셋째, 왜 지금(이번 주, 이번 기회) 선택해야 하는가?

❸ 질문 화법

▨ 질문화법의 장점

사람은 듣는 것보다 말하는 것을 좋아하고, 자기 스스로 결정 내리는 것을 좋아한다고 한다. 이 의미는 고객과의 상담 시 고객이 더 많이 이야기 할 수 있도록 하고, 질문을 통해 스스로 해답을 찾게 해야 한다는 것이다. 판매자의 역할은 후반부에 Feed Back(상황정리)의 역할만 하는 것이 현명하다.

고객에게 계속적인 질문을 통해 스스로 해답을 찾아가게 하는 판매기법이 바로 질문화법이다. 또한, 고객의 현재 상황에 관한 해결책으로서 중요한 가치, 유용성에 대한 질문을 통해 이익과 이점 부각을 통해 고객을 계약으로 유도하는 화법이 질문화법이다.

질문화법의 장점은 여러 가지다.

첫째, 고객에게 초점을 맞춘 질문이 중요하다. 질문은 심리적인 부담을 판매자에게서 고객에게로 전가하는 것이다.

둘째, 질문을 통해 고충(불만족, 불안, 걱정, 고민 등)을 알아낸다. 무언가를 판매하기 위해서는 고객의 고충을 해소시키는 능력이 필요하다. 올바르게 질문만 한다면 고객들은 대답해 줄 것이다.

셋째, 질문은 고객이 긍정적인 생각을 가질 수 있도록 도와준다. 고객이 이야기를 하고 당신이 질문을 하는 상황에서 고객은 누군가가 자신의 이야기를 들어준다는 것을 알고 자신감을 얻는다.

넷째, 질문은 준비된 설명보다 더 대화적이고 자연스러우며 덜 인위적이다. 고객들은 설명을 잘해주며 편안한 대화를 이끄는 판매자를 기대한다. 자신의 문제와 고충에 관심을 보이는 판매자를 보면 반가워 할 것이다.

다섯째, 질문은 생각할 시간을 벌어준다. 고객이 이야기를 하는 동안 생각할 기회가 생긴다. 고객의 말은 판매를 성사시킬 수 있는 방법을 알려주기도 한다.

이러한 질문화법의 목적은 니즈환기다. 세일즈에서 명심해야 할 것은 고객들은 니즈가 있어야 구매한다는 것이다. 욕구나 관심사에 대한 고객의 모든 표현으로써 판매자가 충족시켜줄 수 있는 것이 니즈다. 고객이 표현한 니즈 중 판매자가 충족시켜줄 가능성이 있다고 생각될 때 비로소 고객은 마음의 문을 열고 상품을 구매하게 된다.

니즈는 잠재 니즈와 현재 니즈로 구분된다. 잠재 니즈는 기존 상황의 어려움이나 불만에 대한 고객의 언급이다. 예를 들어'보험 가입 후 서비스를 거의 받지 못해 불만이다 또는 계약을 계속 유지할 수 있을지 걱정이다'가 대표적이다. 현재 니즈는 고객의 욕구, 욕망 또는 희망에 대한 명확하며 확실한 언급이다. 예를 들어'저는 보다 저렴하면서 많은 보장을 원합니다 또는 노후를 보다 안락하게 보낼 수 있는 계획이 필요하다'는 것 등이 대표적이다. 잠재 니즈의 경우 시사질문을 통해 문제점을 확대, 심화하고, 해결질문을 통해 상담 분위기로 전환함으로써 현재니즈에 접근할 수 있다. 이런 과정을 통해 명확한 문제, 해결안을 제시할 수 있어야 한다.

▥ 명강사의 질문법

이번에는 강의실로 들어가 보자.

강의시간에 학습자가 제일 재미없어하는 경우는 언제일까? 그건 아마 학습자도 이미 알고 있는 내용을 강사가 체계를 갖춰 가며 진지하게 이야기할 때일 것이다.

강사는 오늘 학습할 내용에 대해 학습자가 얼마나 넓고 깊게 사전 지식을 갖추고 있는지 알아보지도 않고 준비한 대로 강의하는 경우가 많다. 그러면 학습자는 이내 흥미와 관심을 잃어 방관자로 맴돌게 된다. 질문의 때와 방법을 알아두면 적절한 대처가 될 것이다.

첫째, 시작 단계에서 오늘 학습에 참여한 이유, 목적, 과정을 통해 얻고자하는 것은 무엇인지 물어본다.

발표 형식과 시간을 정해준다.

"소속과 이름, 참여 이유, 목적, 또 배우고 싶은 내용이나 언급되었으면 하는 것들에 대해 30초 이내에 발언을 부탁드립니다. 1분 후에 누구부터 시작하겠습니다."

일례이다. 예측 가능하게 하는 게 좋다는 것이다. 강사가 학습자에게 질문을 던졌을 경우 학습자가 당황하는 이유는 누가 먼저, 그리고 어떤 형식으로 이야기할 것인지 모르기 때문이다.

둘째, 강의를 마무리할 때 활용한다. 강의 내용 중 핵심부분을 학습자가 스스로 파악하게 한 후 소주제별로 미리 지목하여 준비시킨 후 발표하도록 한다. 몇 사람의 얘기를 듣고 난 다음 강사는 빠진 핵심내용만 다시 한 번 언급한 후 강의를 마무리한다.

가르치는 것은 두 번 배우는 것이다. 시간이 허락하는 내에서 '교사게임'을 통해 학습자간에 서로 마주보고 1~2분 동안씩 배웠던 내용을 파트너에게 가르치게 해보는 것도 좋은 방법이다.

셋째, 강의 도중에 건네는 질문 방법이다.

쉬운 질문은 한 사람을 지목하여 바로 질문해도 무방하다.

"오늘이 몇 요일이죠?"

"일 년은 며칠이죠?"

어려운 질문은 전체를 대상으로 질문을 던진다.

"어떤 사람이 말을 잘하는 사람일까요?"

"재미있는 사람이 되기 위한 방법이 있다면 무엇일까요?"

잠깐 생각할 시간을 준 다음 '대답해보실 분?' 하고 전체에게 물어 본다.

▓ 질문 리더십

마이클 에브라소프 사령관은 효과적인 질문을 할 줄 아는 리더였다. 그는 '질문 리더십'으로 미국 해군이 보유한 가장 현대적인 전함 벤폴드를 혁신적으로 이끌었다. 20개월 동안 책정된 예산의 75퍼센트만 쓰고 140만 달러를 남겼는데, 그의 지도로 전함의 전투지수는 태평양함대 사상 최고치를 기록했다. 그는 과연 어떻게 했던 것일까?

에브라소프는 사령관에 부임하자마자 승무원 300명과 면담하면서 세 가지를 물었다.

"어떤 점이 만족스럽죠?"

"불만사항은 무엇입니까?"

"권한이 있으면 무엇을 고치고 싶습니까?"

그리고 자기 자신에게는 이렇게 물었다.

'목표를 정확하게 전달했는가?'

'부하에게 필요한 자원과 시간을 주었는가?'

'부하들이 일을 제대로 할 수 있도록 훈련을 충분히 시켰는가?'

또, 장교나 수병이 결재를 받으러 오면 그는 때때로 이렇게 물었다.

"왜 이런 식으로 일을 하죠? 다른 방법은 없습니까?"

시간이 흐르자 부하들은 더 좋은 방법을 미리 생각하고 왔다. 혁신이란, 새롭고 개선된 일 처리방식을 찾는 것이다. 질문하는 문화를 만듦에 따라 부하들이 혁신적인 방법에 눈을 뜨게 된 것이다.

❹ 면접 화법
▨ 인터뷰 3가지 유의점

개인이나 조직에 대한 평가는 발표현장에서 이루어진다. 보고나 프레젠테이션이 끝나고 나면 질문이 나온다. 면접상황 역시 마찬가지이다. 돌발적인 질문에 요점만 정확히 짚어 답변을 해내는 인터뷰 기법 3가지를 알아보자.

첫째, 제대로 듣자

말의 속도와 생각속도의 차이는 150대 600이다. 1분 동안 말로 표현할 수 있는 낱말은 150개 이내인데 반해 생각속도는 그 4배 이상을 처리해낸다. 하여 질문하는 사람의 말을 끝까지 듣지 않는 경우가 생길 수 있다.

넘겨짚으면 질문하는 사람의 마음의 빗장이 잠긴다. 최고의 대화술은 잘 듣는 것이다. 질문하는 사람을 쳐다보거나 메모하며 온 몸으로 들어라. 그러면서 질문의 요지, 대답의 키워드를 생각하라.

둘째, 시작과 끝을 분명히 하라

"질문 감사합니다. 답변 드리겠습니다."

대답의 시작 방법이다. 치면 울리는 종처럼 자연스럽게 튀어 나오도록 연습해 둘 필요가 있다. 자동차의 앞 뒤 범퍼처럼 완충공간을 만드는 것이다. 질문자에게는 들을 준비를, 발표자로선 대답할 내용을 순간적으로 정리할 수 있는 여유가 생긴다.

대답이 끝났을 땐 "이상입니다.", 또는 "감사합니다."로 마무리하라. 왜냐하면 이처럼 확실한 마무리가 되지 않으면 듣는 사람 입장에선 발표자가 생각중인지, 대답이 끝난 상태인지 가늠이 안 될 때가 있기 때문이다.

셋째, 시간과 시선에 유의하라

특별한 경우가 아니라면 대답 시간은 1분 전후 정도가 바람직하다. 하나의 주제가 상대방에게 집중하여 들리는 시간이다. 복수 질문이거나 대답이 길어질 땐 첫째, 둘째로 나누는 것이 좋다.

시선 안배도 유의할 점이다. 질문자만 바라보며 대답하지 않도록 한다. 많은 사람들을 대표하여 질문했을 뿐이다. 질문자도 1/N로 생각하여 전체적으로 고른 시선안배가 필요하다. 발표자의 시선이 오지 않을 때 듣는 사람의 집중도는 현저하게 낮아진다.

▓ 면접의 목적은 두 가지다

최근 채용에서는 서류전형이 간소해지고, 스펙에 대한 평가 비중이 줄어든 대신 면접 비중이 높아지고 있다. 또한 면접 질문이 단순하고 예상 가능한 단답형 대신 미리 가늠하기 어려운 심층적인 질문이 대세가 되고 있다. 하지만 면접을 통해 알고자 하는 궁극적인 것은 다음 두 가지이다.

1. 당신은 누구인가?
2. 왜 우리가 당신을 선택해야하는가?

이를 위한 평가의 기준은 대개 세 가지로 집약된다. 그것은 태도, 인성, 역량이다.

면접의 유형과 형태, 방법에는 여러 가지가 있겠으나 피면접자는 세 가지 관점태도, (인성, 역량)을 갖고 보는 면접관의 두 가지 궁금증에 대해 '반드시 나이어야만 하는 이유'에 대한 확신을 주어야 한다.

전쟁의 목적은 승리요, 면접의 목적은 합격이다. 전쟁이든 면접이든 전략이 중요하고, 그 핵심은 지피지기이다. 나의 강점과 상대의 원하는 점을 일치시킬 때 합격이라는 선물이 주어질 테니까.

면접이라는 관문을 통과하여 깃발을 세우고자 하는 목표점이 있을 것이다. 대학이든 기업체든 그곳의 홈페이지를 방문해

보라. CEO의 인사말을 살펴보면 자기소개서를 비롯한 당신의 면접대응 방향을 정할 수가 있을 것이다. 모든 초점은 그곳으로 모아져야 한다.

▒ 압박질문 대응법

골프공 표면의 구멍은 몇 개일까요?

어느 회사의 면접 때 응시자들이 받은 질문이다. 응시자들 대부분은 "200개 정도 된 것 같아요.", "집에 골프공이 있는데 300개 정도 되는 것 같아요."라고 대답했다.

그러나 한 응시자의 대답은 달랐다.

"골프공 둘레가 5cm, 구멍의 둘레가 3mm 정도 된다고 했을 때 가장 큰 둘레의 구멍은 대충 스물다섯 개일 것입니다. 그리고 몇 개씩 줄어들어 결국 백 몇 개가 될 것 같습니다."

이렇게 대답한 응시자는 그 회사에 당당하게 합격했다. 중요한 건 정답이 아니라 자신의 생각을 얼마나 잘 피력하느냐에 달렸기 때문이다. 즉, 일상에서 당연하다고 생각하는 주제에 대한 답을 요구할 경우, 그 과정이 복잡한 수학적 사고를 필요로 할 수 있다. 이 때 완벽한 답보다 어떻게 실타래를 풀어나가는지를 보려는 게 질문의 핵심인 것이다.

이렇게 답이 명확하지 않은 문제를 '페르미 추정'이라고 한다. 노벨상을 받은 이탈리아 물리학자 페르미가 학생들의 사고력을 시험하던 문제에서 유래했다.

이 문제들은 대개 정답이 없다. 지식으로 풀라는 게 아니라 생각의 힘을 묻는 것이기 때문이다.

"세계에서 하루 동안 소비되는 피자는 몇 개인가?"라는 유형의 문제가 이에 해당된다. 정답은 없지만 답을 구하기 위해 노력하고 사고하는 과정은 어려움이 닥쳤을 때 그것을 현명하게 해결할 수 있는 능력을 길러준다.

"날아오는 총알을 손으로 잡을 수 있는 방법은?", "북극에 전기가 들어왔다. 냉장고를 팔 수 있는 방안을 생각해보라."라는 질문에는 어떻게 접근해야 할까?

먼저, 날아오는 총알을 잡으려면 총알을 견뎌 낼 수 있는 재질을 생각한다. 방탄복을 생각할 수 있을 것이다. 그렇다면 "방탄 장갑을 끼고 잡는다."가 답이지 않을까.

북극에 전기, 냉장고 마케팅 방안의 문제같은 경우, 냉장고 기능을 생각해본다. 냉장과 냉동기능 중 냉장 기능을 강조하면 될 것이다. 늘 얼어버린 음식이 아니라 신선한 음식을 저장해 놓고 먹을 수 있다는 점을 집중적으로 홍보하는 것이다. 이처럼 생각도 연습이 필요하다.

아주 사소하거나 당연한 일들에 대해 관심을 갖고 생각의 문을 열어보라. 늘 걷던 길이 새로운 길로 이어질 것이다.

듣는데 집중하는
시간이 있다

말을 하는 시간과 방법에 대한 이야기를 하고자한다.

첫째, 스피치 시간문제이다. 일상적인 대화나 좌담회 등에서 한 사람이 이야기 할 수 있는 시간은 길어야 2분 10초, 보통은 1분 30초 이내라고 한다. 한자리에서 한 사람이 2분 30초 이상 이야기를 하다보면 듣는 쪽에서 부담을 느끼기 시작한다는 것이다. 그것은 일상적인 생활을 통해서도 확인할 수 있는데, 텔레비전 시청의 경우를 예로 들 수 있다.

심리학자들의 의견으로는 대개 뉴스를 시청하면서 한 가지 뉴스를 보는데 2분 넘게 시간이 걸리면 특별히 큰 사건이 아닌 한 채널을 돌려버리고 싶은 마음이 든다고 한다. 그래서인지 아나운서들은 보통 1분 30초 내지 1분 45초 이내에 490자 ~ 500자 가량의 이야기를 끝낸다. 그것이 듣는 사람의 귀를 힘들게 하지 않는 방법이라고 한다.

행사장에서 인사말이나 축사를 하는 기관장들의 경우도 마찬가지이다. 아무리 뛰어난 연설가라 하더라도 하나의 주제로 남을 질리게 하지 않으면서 말할 수 있는 시간은 2분 30초 정도이다. 한 자리에서 그 이상 떠들 수 있는 사람은 히틀러 같은 웅변 천재가 아니면 듣는 사람의 기분을 조금도 생각하지 않는 무신경한 사람에 해당된다.

말이 많고 수다스럽다는 평판을 듣는 사람은 대개 요점도 없는 이야기를 하염없이 해댄다. 이런 유형의 사람들은 다른 사람과 편안하게 나눌 수 있는 대화나 설득에 유효한 시간이 의외로 짧다는 사실을 모르고 있기 십상이다.

둘째, 말의 표현 방법이다. 모든 이야기의 기본은 결말을 전제로 하고 있다. 그런데 이야기 도중에 상대방으로부터 "그래서, 그게 어쨌다는 거야?"와 같은 말을 듣게 되었다면 당신의 말은 실패한 것이라고 생각하라. 당신이 뚜렷한 이야기의 밑그림도 제시하지 않은 채 일방적으로 떠들어대고 있다고 생각하기 때문에 상대편에서 짜증을 내고 있는 것이다.

회사에서 팀원들 간의 대화를 예로 들어보자.

"거래처를 한 바퀴 돌아봤더니 이번 우리 신상품에 문제가 많은 것 같습니다."

이런 말은 미리 결말을 예고하고 있기 때문에 일단 듣는 사람의 흥미를 유발시키는 효과가 있다. 이런 식의 표현을 원인과 과정을 궁금하게 만드는 화법이라고 한다. 이런 경우 상대는 반드시 다음 몇 가지의 질문을 해올 것이다.

"어째서 그렇지?"

"그럼 어떻게 하는 것이 좋을까?"

"당신에게 좋은 방법이 있는가?"

이와 같이 상대방에게 생각할 수 있는 기회를 주어 질문을 하게 만들었다는 사실은 일단 당신의 말이 먹혀들었다는 증거이다.

일상적인 대화나 좌담회 등에서 이야기의 주제가 무엇이든 한 번의 이야기는 2분 30초 이내에 종료시킬 것. 이야기는 결론부터 말하고, 중간 중간을 적절하게 끊어 상대방의 질문을 유도할 것! 이것이 당신의 말을 빛내는 기본 명제라는 사실을 기억하라.

프레젠테이션,
쇼하지 말고 톡하라

최근 프레젠테이션에 대한 관심이 많다. 어떻게 하면 사람의 마음을 움직일 수 있을까? 그 근원적인 이야기 속으로 들어가 보자.

▨ 첫째, 목적이 무엇인지부터 알아야

대개 프레젠테이션은 우리의 메시지를 상대에게 설득하는 과정이라고 생각한다. 그러나 보다 근원적인 목적은 상대를 돕는 것이다. 영국의 유명한 크리에이티브 디렉터 폴 베스트는 "프레젠테이션이란 상대가 우리의 메시지를 사는데 도움을 주는 과정"이라고 역설한다. 도와주는 것이지 파는 것이 아니다. 그들을 설득하려고하는 순간, 나의 설득 의지는 강화되고 태도는 굳어진다.

프레젠테이션의 실패유형을 세 가지로 나누기도 한다. 청중이 호랑이로 보이는 겁먹은 토끼형, 대충대충 발표하는 얼렁뚱땅형, 자기혼자 떠드는 노점상형이다. 당신은 어느 유형인가?

새로운 시각을 빌리자면 상대의 가려운 곳을 긁어주는 효자 손형 프레젠터가 필요한 때다. 그러기 위해서는 상대의 니즈 (needs)를 잘 알아야한다. 상대의 욕구와 문제점을 잘 알지 못하고선 노점상형이 되고 말 것이다. 열정보다 방향이다.

훌륭한 낚시꾼은 물고기 입장에서 생각한다. 전체 구성과 진행이 그들에게 충분히 도움이 되는지 상대의 관점에서 점검해야한다.

▨ 둘째, 준비의 과정

발표를 준비한다 했을 때 대개 파워포인트부터 붙잡는 경우가 많다. 갖가지 템플릿을 동원하고, 오랜 시간 공을 들여 만들었는데 막상 발표하려고 들면 흐름이 자연스럽지 못하다. 결국 준비한 내용을 읽기에 급급하여 전달이 매끄럽지 못하다. 어디에 문제가 있는 것일까?

파워포인트는 하나의 도구로 생각하는 관점이 필요하다. 1단계는 전달할 내용의 주제를 정하고 스토리라인 만들기이다. 약도를 그리듯이 순서를 짜는 것이다. 약도 그릴 때를 생각해보자. 우선 직선 몇 개로 방향을 정하고, 목표점에 도달하는데 필요한 작은 선 몇 개를 그린 뒤 목표점을 표시한다. 끝으로 큰 건물 몇 개를 넣어 길을 제대로 가고 있는지 확인하도록 돕는다. 자유연상을 통해 하고 싶은 얘기를 생각나는 대로 백지에 적어보고, 관계되는 내용끼리 묶어서 소주제를 잡아 순서를 정하면 스토리라인이 완성된다.

2단계는 슬라이드를 몇 장으로 할 것인가, 각 장에는 어떤 내용을 담을 것인가를 설계한 다음 3단계, 한 장 한 장의 내용에 맞는 템플릿을 고르고 제작 작업에 들어가야 할 것이다. 이때 한 장에 하나의 메시지를 담도록 한다, 글자는 18포인트 이상으로 가독성을 높인다, 3가지 이내의 색상을 사용하는 게 바람직하다는 등의 사항들은 상식이다.

■ 셋째, 리허설

프레젠테이션은 라이브공연이다. 철저한 준비가 군더더기를 없앨 수 있다. 도입부분에서 그들의 시선과 욕구를 최대한 이끌어내야 한다. 내가 그들이 원하는 해결책을 갖고 있음을 밝히고, 원하는 해답을 줄 것이라고 약속하는 것이다. 흥미를 가질 수 있는 사례나 질문, 퍼포먼스, 스토리 등으로 주의를 끌어야한다.

'돈을 절약하고 싶으세요?' '새롭게 입증된 이 기술의 비법을 알고 싶으세요?' '당신의 사랑을 안전하게 지키고 싶으세요?' '건강 이상 징후, 더 쉽게 발견하고 싶으세요?' '미래를 보장받고 싶으세요?' 이처럼 최강의 설득력을 발휘하는 단어를 이용해 질문하는 것도 욕구자극에 도움이 된다.

내용전개 과정은 무조건 그들의 메시지로, 이해하기 쉬운 숫자와 문장을 사용한다. 1,000명의 연구원이 4년의 시간과 5억원의 개발비를 들여 만든 자동차 광고도 15초 이내이다. 잡스는 아이팟을 "천곡의 노래를 호주머니에", 맥북에어를 "세계에서 가장 얇은 노트북"이라고 기억하기 쉽게 표현했다.

CNN 백악관 담당 수석 특파원을 지낸 마크 월튼은 "사람들은 3가지 정보가 주어졌을 때 잘 받아들이고 가장 쉽게 기억한다"는 3의 법칙을 말했다. 프레젠테이션의 결론은 하나지만 그에 따른 논조는 3가지여야 한다는 얘기다.

무엇보다 극적 반전이 있어야한다. 아리스토텔레스도 설득의 기본을 에토스, 파토스, 로고스라 했다. 성품에서 오는 신뢰감이 우선이고, 다음이 감정을 움직이는 것이다. 논리와 팩트는 그 다음이다.

사실의 나열이 아닌, 예상치 못한 반전과 스토리로 감동을 줄 수 있어야한다. 프레젠테이션 무대에 또 다른 인물을 등장시키거나 직접 시범을 보이면서 분위기를 극화하고, 상황에 도움이 될 개인적인 이야기가 있다면 진솔하게 표현하면서 감동을 이끌어내도 좋다.

발표를 할 때 무엇보다 중요한 것은 슬라이드는 보여주는 것이지, 시종 글자를 읽다시피 해서는 안 된다는 것이다. 청중입장에서는 주권을 간섭당하는 듯한 불쾌감이 들 수 있기 때문이다.

또한 프레젠테이션은 내용과 화법보다도, 모습이나 태도 등의 비언어적인 요소에서 더 큰 영향을 받는다. 따라서 적절한 사이두기, 무대 활용법 등에도 신경을 써야할 것이다.

전혀 예상치 못한 상황이나 반론에 당황하지 않고 끝까지 메시지의 핵심을 놓치지 않게 해주는 것이 리허설이다. 프레젠테이션으로 대중을 휘어잡는 사람들을 유심히 보면, 철저히 계산된 시간 내에서 실수 없이 움직인다는 것을 알 수 있다.

▨ 넷째, 질문과 반론 대처

프레젠테이션은 상대의 문제를 해결하기 위해 도와주는 것이고 한 단계씩 넘어갈 때마다 상대가 고개를 끄덕이도록 해야 한다. 그래서 프레젠테이션은 하나씩 상자를 쌓아나가는 작업이라고도 했다. 상대의 반대의견이 질문으로 표출된 다음에는 수습하기 어렵다. 이미 반대를 표한 쪽에서 주도권을 가지며, 여러 사람 앞에서 문제점을 제기한 본인의 자존심이 걸려있기 때문에 쉽게 물러서지도 않는다. 따라서 사전에 상대가 던질 질문을 미리 예상하고 대처해야 한다.

질문이 나올 때는 의도를 확실히 파악하는 것이 중요하다. 제대로 파악하지 못한 채 답변하면 엉뚱한 것을 제시하게 되고 이는 프레젠터의 신뢰성을 떨어뜨리기 때문이다. 질문 자체만 가지고 해석해서는 안 되며 질문의 숨은 뜻을 읽어야 한다. 글의 행간을 읽으라는 말처럼 훌륭한 커뮤니케이터라면 남이 얘기하지 않는 부분을 들을 줄 알아야한다.

질문의 의도를 파악하는 방법 중 하나는 역으로 질문하는 것이다. 상대의 질문 속에 이미 답이 숨어 있다. 역으로 질문하면 질문자 스스로 답을 말하게 된다. 따라서 상대가 질문할 때는 방어적인 태도를 보이지 말아야한다. 가볍게 던질 수도 있고 정말 몰라서 질문할 수도 있다. 상대방의 공격에 감정적으로 대처하지 말고 자연스럽게 넘어가야하는 이유이다. 또한 질문을 설명할 기회로 생각하는 게 좋다. 상대가 궁금해 하는 세부사항을 언급하여 강한 인상을 심어줄 기회로 활용하는 것이다.

결국 프레젠테이션은 내(I)가 아니라 상대(You)의 입장에서 그들의 문제를 돕는 책사 역할을 한다. 설득이 아니라 공감을 통한 도움이라고 생각할 때 진정한 프레젠테이션의 문이 열린다.

스토리텔링(Storytelling)
성공전략

▦ 스토리텔링이란?

경기가 어려울 땐 소설이나 에세이집이 잘 팔린다고 한다. 이야기의 치유효과 때문이 아닐까하는 게 전문가들의 일치된 견해다. 스토리텔링이란 '스토리(story)+텔링(telling)'의 합성어로서 상대방에게 알리고자 하는 바를 재미있고 생생한 이야기로 설득력 있게 전달하는 것을 말한다.

뉴욕의 한적한 공원, 한 노숙자가 구걸을 하고 있었다.

그는 가슴에 "나는 앞을 보지 못합니다."라고 쓰인 팻말을 걸고 있었다. 그런데 거리를 지나는 수많은 사람들은 그에게 조금도 관심을 보이지 않았다.

어느 날 한 남자가 노숙자 앞으로 다가와서 노숙자의 목에 걸린 팻말 글씨를 바꾸어 놓았다. 그러자 사람들이 나가와 그 글을 읽어보고는 노숙자에게 돈을 건네기 시작했다. 잠깐 사이에 놀랍게도 그의 빈 깡통이 지폐와 동전으로 가득 차버렸다. 팻말 내용은 이렇게 바뀌어 있었다.

"저는 봄이 왔어도 그것을 볼 수가 없답니다."

글을 고쳐 준 남자는 프랑스의 시인 앙드레 브르통이었다. 그는 한 문장의 글로써 사람들의 마음을 움직일 줄 알았던 것이다.

▓ '1865' 이야기

'1865'라는 이름의 칠레산 와인이 있는데 전 세계 80여 개국에서 팔리고 있는 이 와인의 최대 소비국은 한국이다. '1865'는 어떤 이유로 한국에서 이 같은 성공을 거두었을까.

여기에는 한국인의 심리와 특성을 겨냥한 맞춤형 브랜드 전략이 숨어 있다.

'1865'를 수입하여 유통한 금양인터내셔날은, 와인을 홍보하기 위해 이 흔치않은 숫자 브랜드에 스토리를 입히기로 했다. 치열한 와인 시장에서 살아남기 위해선 강렬한 브랜드 이미지가 필요했기 때문이다.

한 마케팅 담당자가 1865를 골프의 '드림 스코어'와 접목시키자는 의견을 냈다. '18홀을 65타에 친다'는 뜻으로 해석하자는 것. 65타는 아마추어들에게 꿈의 점수다. 골프 경기에서 18홀의 홀마다 파(Par:각 홀에서 정해진 스코어를 달성)를 기록해도 72타이기 때문이다.

마침 국내 골프 인구가 폭발적 증가세를 보이고 있어, 금양인터내셔날은 브랜드에 '18홀을 칠 수 있게 하는 와인'이라는 스토리를 입혀 골프장의 클럽 하우스에서 일하는 소믈리에와 종업원들을 대상으로 집중 공략을 펼쳤다.

골프 붐의 순풍 속에 입소문은 빠르게 퍼져 나갔고, 그 결과 '1865'는 한국에서 연간 29만 병까지 팔리는 놀라운 판매고를 올릴 수 있었다.

1865는 원래 이 와인을 생산한 칠레 와이너리 산페드로 사의 설립연도를 뜻한다. 그 단순한 의미에 소비자의 기호를 겨냥한 그럴듯한 이야기를 입힌 마케팅의 승리였다.

▤ 이야기는 힘이 세다

금강산에 일만 이천 봉이 있다는데, 그 가운데 남쪽 관광객을 상대로 가장 돈을 잘 벌었던 봉우리는 어떤 것일까?

봉우리 이름은 기억하지 못하지만, 분명하게 예측할 수 있는 것은 스토리가 있는 봉우리였을 것이라는 사실이다. 선녀 봉이라든가 거북 봉이라든가…. 이런 봉우리 앞에서 사람들은 사진도 찍고, 그 앞에서 기념품을 사며 이야기에 빠져들었을 것이다.

이것이 스토리가 갖고 있는 힘이다. 이처럼 무언가를 '인지'하고 '기억'하는 데는 단순 정보보다 스토리가 훨씬 효과적이다.

제목에 이야기를 입히는 방법도 있다. 이름하여 타이틀텔링(제목을 이야기체로 만들기)이다.

독자들에게 외면 받던 책이 제목을 바꿔달고 빛을 본 사례가 있다. 수많은 독자를 열광시킨 '칭찬은 고래도 춤추게 한다'의 원래 제목은 'Tou Excellent, 칭찬의 힘'이었다. 하지만 모호한 제목으로 2만부에 그치던 것이 제목을 바꾸고서는 20만부가 넘게 팔렸다.

　다음은 자동차 산업을 육성시키려 하는 러시아의 블라디미르 푸틴 총리에 관한 모 신문 기사의 타이틀이다. 처음 것은 기사를 작성했던 기자가 정한 제목이고, 변형된 것은 편집회의의 결과물이다.

　'푸틴, 자동차산업 육성 추진 → 푸틴, 러시아를 운전석에 앉히다'

　어느 쪽이 시선을 붙드는가?

이야기의
세 가지 특징

이제는 바야흐로 호모 나랜스(homo_narrans, 이야기하는 사람)의 시대다. 미국의 영문학자 존 닐은 "인간은 이야기하려는 본능이 있고, 이야기를 통해 사회를 이해한다."고 주장했다. 그의 말은 2010년, 현실이 되었다. 블로그, 트위터 등의 출현으로 이른바 디지털 수다쟁이들이 늘어난 것.

이야기를 할 줄 안다는 것은 인간만이 할 수 있는 고유한 능력이다. 가령 어미 호랑이가 새끼 호랑이에게 사냥을 가르칠 때 직접 시범으로 보여 줄 수는 있어도 인간처럼 이야기를 통해 사냥법을 전달하지는 못하기 때문이다. 이야기에는 세 가지 특징이 있다.

첫째, 흉내 내기

사람은 타인의 이야기를 들으면 왠지 그것을 따라하고 싶은 충동을 느낀다. 슈퍼맨 이야기를 들으면 어른들은 머릿속으로 상상하는 데에 그치지만 아이들은 보자기를 목에 두르고 옥상에서 뛰어내리기도 한다.

둘째, 교감이다.

주인공이 울면 나도 슬프다. 주인공의 감정이 내 감정에 이입되는 것이다.

이 모든 것이 우리 뇌 속에 있는 거울 뉴런 때문이다. 어떤 상황을 감정적으로 혹은 행동적으로 교감해 따라하게 만드는 것은 머릿속 자연스러운 본능 같은 것. 이것이 이야기가 가진 힘의 원천이다. 아는 것은 단지 소재일 뿐, 그것에 상상력의 숨결을 불어넣어 이야기할 수 있을 때 비로소 생명을 갖는다.

셋째, 설득이다.

사람들은 논리적 전개나 설명보다 이야기를 좋아한다. 타깃(Target)의 호기심과 욕구를 자극하는 이야기는 상대방을 설득하는데 큰 힘을 발휘한다. 이솝우화가 2500년을 살아남아 지금까지 전해지는 이유는 뭘까?

그것은 스토리에 있다. '비겁한 변명으로 실패를 합리화 하지 마!' 이런 메시지를 신포도와 여우 이야기로 절묘하게 풀어냈다. 이야기를 통해서 교훈을 얻기도 하지만, 메시지를 담기 위해 이야기를 개발하기도 한다.

이야기의
작동 원리

이처럼 사람들이 좋아하는 이야기에는 하나의 패턴이 있다. 이야기의 작동원리를 알아보자.

다음은 할리우드의 가장 유명한 시나리오 전문가인 '로버트 맥기'가 얼마 전 EBS와의 인터뷰에서 들려준 말이다.

"이야기란 어떤 사건에 의해 삶의 균형이 무너진 주인공이 그 균형을 회복하고자 여러 적대적인 것들과 맞서면서 자신의 욕망을 추구해 나가는 것이다."

고대 신화 및 그리스의 비극, 중세의 로망스, 근대소설과 현대의 영화에 이르기까지 모든 이야기를 관통하는 구조적 공통점을 여기에서 찾을 수 있다. 가까운 예로 얼마 전 외화 1,000만 관객 시대를 연 '아바타'도 마찬가지다. 스토리를 만드는 네 가지 핵심요소는 다음과 같다.

메시지	주제나 교훈
갈등	도전, 역경
등장인물	주연, 조연, 적대세력 등
줄거리	플롯-나침반으로서의 기능이다. 시작, 중간, 끝

여기에서 갈등은 좋은 스토리를 이끌어내는 동력이다. 인간은 본능적으로 조화와 균형을 추구한다. 갈등상황, 위험, 스트레스, 문제 등은 해결책을 찾게 하고 이것이 조화를 복구하는 행동을 유발해 관심과 집중을 부른다. 갈등이 없으면 밋밋하고 재미가 없다. 스토리에 조화를 깨뜨리는 갈등이 필요한 이유이다.

인간은 타고난 이야기꾼이다. 스토리텔링이란 정보에 생명력을 불어넣는 작업이다. 우리도 스토리텔러가 되어보자.

▒ 뇌리에 박히는 메시지

스틱(Stick)이란 스티커처럼 뇌리에 착 달라붙는 메시지를 만들라는 의미이다. 뇌리에 박힐 강력한 메시지의 비밀은 무엇일까? 스탠퍼드대 교수인 칩히스의 메시지 제조법에 따르면 다음과 같다.

① 단순성 : '핵심+간결함'이다. 요약이 아니다.

② 의외성 : 예상을 깨뜨려라. '관객이 바라는 것을 관객이 예측할 수 없는 모습으로'는 헐리웃에서 히트작 만드는 요령이다. 청중이 바라는 것을 청중이 예측할 수 없는 관점으로

접근하라.

③ 구체성 : 뇌는 구체적 정보만 기억하도록 만들어져 있다.

④ 신뢰성 : 통계도 인간적이고 일상적 언어로 풀어내면 더 효과적이다.

⑤ 감성 : 느끼게 만들어야. 청중과 관계있는 쪽으로 진행하라.

⑥ 스토리 : 수많은 이야기가 지구상에 떠돌지만 오랫동안 살아남는 게 있고, 소리 없이 사라지기도 한다.

이야기의
구성법 세 가지

이야기의 구성 방법에는 옛날이야기 법, 사례법, 단계별 구성법 등 3가지가 있다.

▨ 첫째, 옛날이야기 법

"옛날 아주 옛날 어느 마을에 오누이가~"라는 흐름이다. 다시 말해 '언제, 어디서, 누가, 무엇을, 어떻게, 왜'라고 하는 5W1H를 지켜서 말하는 이야기 진행방식이다.

'에피소드 어프로치'라고 부르기도 한다. 이 방법에서는 하나의 에피소드로 좁혀서 이야기하는 것이 포인트다.

예컨대 야구 이야기를 한다면 시합 전부를 설명하는 게 아니라 "9회 말 투아웃 만루 때의 일이었어요, 투아웃 후에 타석에 들어선 이대호 선수는 힘껏 방망이를 휘둘렀습니다."라는 식으로 화제를 좁혀서 얘기하면 관심을 끌 수 있다.

시간적인 흐름에 따라서 차례로 개별적인 에피소드로 화제를 좁혀서 진행시키는 것이 에피소드 어프로치다.

각 에피소드의 장면과 상황을 상대가 이해할 수 있도록 말해야 한다. 기승전결법과는 다른 구성이므로 어떤 기법으로 갈지 미리 생각해둔다.

▦ 둘째, 사례법

기승전결과 옛날이야기 법은 주어진 시간이 충분할 때의 구성법이다. 조회 때나 영업거래처에서 짧은 스피치를 해야 할 경우에 적절한 방법이 사례법이다. 구체적인 사례나 실례를 거론하고 주장으로 마무리한다. 동기부여나 행동변화를 주문할 때 사용하는 화법이다.

예컨대 '안전벨트를 매자'는 듣고 흘려버리기가 쉽다. 이것을 사례법으로 말해보자.

"지난주 고속도로를 주행하다가 큰 트럭과 승용차가 충돌하는 걸 목격했어요. 버스 앞쪽이 많이 찌그러져 있었는데 다음 날 뉴스에 보니 2명은 죽었고 2명은 살았더군요, 2명은 안전벨트를 매지 않았다고 하더군요."

여기까지가 사례다.

이어서 "그러니 오늘부터는 반드시 안전벨트 착용을 생활화합시다."라고 말한다. 이것은 주장하는 포인트이다. 그저 "부탁합니다"라고 반복하는 것 보다 효과적이다. 비즈니스로 말하면 실례 부분에 성공한 사례, 혹은 실패한 사례 등을 적용시키면 이해가 쉬워진다.

예컨대 상품을 팔러 갔는데 비싸다고 한다.

"사실은 B회사에서도 똑같은 말씀을 하셨죠. 그런데 지난달 시험적으로 도입하여 매출이 20퍼센트나 올랐습니다.(실례) 그러니 두 대만 도입하여 일단 한번 써보시는 게 어떻습니까?(포인트)"

▦ 셋째, 단계별 구성법

단계별 구성법 3가지를 알아본다.

3단계 구성법	주제(서론)-화제전개(본론)-촌평 및 주제반복(결론)의 순서로 원고 구성의 기본이라 할 수 있다. 가장 단순하고 활용빈도가 많기 때문이다.
4단계 구성법	기, 승, 전, 결로 구성되는 형태이다.
5단계 구성법	주의환기-필요제시-필요만족-구체화-행동유도 단계이다.

스피치의 목적이나 발표 시간, 종류에 따라 다르겠으나 5단계 구성법은 청중감흥이나 참여를 유도하는데 효과적이라고 할 수 있다.

🔊 이야기의 즐거움

 '불멸의 이순신' 작가 김탁환은 모 강연회에서 말했다.

 "영감이 왔다고 막무가내로 쓰지 마세요. 저는 구상과 초고 집필, 그리고 퇴고의 과정 비율을 1:1:1로 잡습니다. 아이디어를 잘 메모해 두었다가 깊이 묵히고, 비로소 맛이 들었다 싶을 때 써내려 갑니다."

 그는 무엇보다 원판에 얽매이지 말아야 한다고 말한다. 국민에게 사랑받아 온 단골 소재인 심청은 소설, 판소리, 발레 등 여러 장르로 재탄생되었다. 이야기라는 것은 태생이 단수가 아닌 복수이기에 원판이 하나여야 한다는 강박을 버려야 한다. 다시 말하면 세상에는 똑같은 이야기도, 아주 다른 이야기도 없다. 김탁환 작가의 이어지는 이야기.

 "이야기를 시작하기 전, 한 줄로 정리해 보세요. 한 줄로 정리 못하는 사람은 자기가 무엇을 쓰고 싶어 하는지 모르는 사람입니다. 그건 모든 분야에서도 마찬가지죠. 기업에도 슬로건이라는 압축된 경영 철학이 있지 않습니까?"

 이야기를 꿰뚫는 독창적인 단 한 줄이 없다면 그것은 척추 없는 존재에 불과하다고. 그럼 과연 그가 쓴 '불멸의 이순신'은 어떻게 한 줄로 정리할 수 있을까.

 '다른 장수들이 오른쪽 큰 문으로 들어가 싸우다가 질 때, 혼자 왼쪽 작은 문으로 들어가 이긴 사나이'란다.

"이야기 속의 존재를 안다는 것은 굉장히 어려운 일입니다. 저는 인물을 그릴 때, 습관 노트를 씁니다. 이 인물에게 어떤 습관이 있나, 어떤 성향이 있나 살피면 평면이었던 인물에 볼륨감이 생기고, 개성이 붙습니다."

우리가 누군가를 안다고 할 때, 그건 모습과 목소리에 지나지 않는다. 결국 미각, 촉각, 후각 등과 얽혀 들어야 비로소 이야기가 탄생되는 것이다. 그는 이야기의 배경을 찾아 답사하고, 가지 못하면 상상 속에서 반드시 답사를 한단다. 이야기는 그렇게 내던져진 것이기에 발굴한 만큼 찾을 수 있는 보석이다.

타인을
내편으로 만드는
상황대응력

·························· ● 입시는 수능을 통해, 리더십은 문제 상황에서, 발
표력은 어휘력에서 판가름이 난다. 스피치는 어휘의 연결이요, 낱말
의 조합이다. 문제 상황에서 생각이 잘 되지 않는다는 것은 도구가 되
는 말이 제대로 떠오르지 않아 '생각할 수 없다'는 의미이다. 이 장에
서는 누에의 입에서 액(液)이 나와 고치를 만들듯이 말이 자연스럽게
이어지도록 하는 방법, 감성을 키워 소통과 설득의 달인이 되는 방법
을 알아볼 것이다.

커뮤니케이션 감각을
높이자

아이들에게 사랑 받는 사람은 누구에게나 사랑 받기 마련이다. 어린아이가 당신을 향해 장난감 총을 쏘면 당신은 어떻게 하는가? "멋진 총이구나?"하고 머리를 쓰다듬어주는가?

실제 아이들이 좋아하는 사람은 "으악! 당했다!"하며 쓰러지는 사람이다. 이것이 진정한 커뮤니케이션이다. 상대가 진정으로 원하는 것은 자신과 하나가 되어주는 것이다. 스스로를 조절하려면 나의 머리를 사용해야하지만, 다른 사람을 조절하려면 나의 마음을 사용해야 한다.

커뮤니케이션 감각을 높이기 위해 생각해야할 중요한 세 가지를 알아보자.

첫째, 적극성을 기르자. 상대방이 뭔가 말하기를 기다릴 것이 아니라 내가 먼저 말을 건네는 사람이 되도록 하라는 것이다. 대화의 핵심은 질문이다. 도움을 받고자 할 때는 솔직하게 부탁하고, 모르는 것은 서슴없이 질문하자.

영향의 법칙이라는 것이 있다. 제1조건은 내가 누군가에게 좋은 영향을 끼치면 결국 되돌아온다는 것이다. 기다리기보다는 내가 먼저 주고, 내가 먼저 베풀고, 내가 먼저 좋아하고, 내가 먼저 사랑하자. 용기, 모험심, 결단력이 새로운 변화와 기회의 주인이 되게 한다.

둘째, 공감성을 높이자. 상대방의 눈높이에 맞게 말하거나 듣고 상대의 입장을 이해하려고 노력해야 한다는 것이다. 그러기 위해서는 말하는 것과 듣는 것이 균형을 이루어야 한다. 모든 인간관계나 대화는 탁구공 원리, 신호등의 원리이기 때문이다. 셰익스피어도 '세련된 화법은 듣는 것으로부터 출발한다.'고 했다.

사람은 누구나 자기에 관한 것을 말하고 싶어 한다. 사람은 자기 이익에 따라 행동한다. 그렇다고 욕심쟁이나 이기주의자라고 판단하는 것은 잘못이다. 누구나 자기의 이익이 흥미와 관심사인 건 당연하다. 상대방이 무엇을 말하고 싶어 하는가를 알면 대화의 주도권을 잡을 수 있다.

사람들이 일반적으로 말하고 싶어 하는 화제에는 어떤 것이 있을까? 학자는 전공분야, 의사는 전문 과목, 예술인은 예술분야. 등산이 취미인 사람은 다녀온 곳, 낚시를 즐기는 사람은 월척사례나 낚시질 잘되는 곳 등이 관심사이다. 상대방의 성향을 파악하여 관심 가질만한 분야에 대해 적절한 질문을 해 보라. 아무리 말을 못하는 사람이라도 이야기보따리를 쉽게 풀어 헤칠 것이다.

인간은 말하는 것을 즐긴다. 반면에 남의 말을 듣는 데에는 말하는 것만큼 관심을 두지 않는다. 내가 말한 만큼 상대방에게도 이야기할 기회를 주도록 하자. 볼테르는 "답변에 의해서 사람을 판단하지 말고 질문에 의해서 사람을 판단하라"고 했다. 좋은 질문을 던질 수 있는 것은 날카로운 이해력과 사람을 부드럽게 다룰 줄 아는 원만한 대인관계를 기본으로 한다.

셋째, 유연성을 키우자. 설단현상(舌端現象)이라는 게 있다. 어떤 사실을 알고는 있지만 혀끝에서 빙빙 돌기만 할 뿐 말로 표현되지 않는 현상을 가리키는 심리학 용어이다. '갑자기 머리가 멍해져 아무 생각도 나지 않는다.', '잘 알던 사람의 이름이 기억나지 않아 쩔쩔맨다.', '이야기를 하다가 문득 무슨 말을 하고 있었는지 잊어 버렸다.' 누구나 한두 번쯤은 이런 경험을 해봤을 것이다.

일본의 뇌신경외과 전문의 '츠키야마 타카시'는 이 현상이 브레인 프리즈(Brain Freeze)에서 온다고 했다. 잠깐 두뇌가 멎는 순간을 말한다.

스피치는 어휘의 연결이요, 낱말의 조합이다. 생각이 잘 되지 않는다는 것은 도구가 되는 말이 제대로 떠오르지 않아 '생각할 수 없다'는 의미이나. 고정관념을 버릴 때 유연한 사고, 창의력, 아이디어 지수도 높아진다.

유연성은 여러 사람 앞에 나서서 얘기할 때도 필요한 덕목이다. 사람들 앞에 나설 때 '실패하게 될지도 모른다', '주위 사람들에게 비웃음을 받을지도 모른다'는 생각에만 사로잡혀서는 안 된다는 것이다.

　대개의 성공은 실패를 앞세우고 온다. 다른 사람의 시각과 생각에 나의 신경을 빼앗길 것이 아니라 유연한 상황대응력을 기름으로써 실패하지 않는 방법을 빠르게 터득해나갈 수 있다.

생각이 말이 되는 시간
0.6초

취업 지망생 김모씨는 최근 여러 회사에 지원했다가 최종 면접에서 번번이 탈락했다. 김 씨의 걱정은 머릿속에 답변은 맴도는데 말로 잘 표현이 안 된다는 것. 자꾸만 '그것, 저기'라는 불확실한 단어를 습관처럼 내뱉는다. 생각을 말로 바꾸는 과정에서 적정 타이밍을 놓치는 것이다. 과연 머릿속 뇌가 말하는 데 걸리는 평균시간은 얼마나 될까. 미국 샌디에이고 캘리포니아대 네드 새힌 박사와 하버드대 연구진은 두뇌가 문제를 인지하고 어휘를 떠올린 뒤 이를 문법에 맞게 말하는 데 0.6초가 걸린다는 사실을 알아냈다고 국제학술지 '사이언스'(2009년 10월)에 소개했다. 뇌에서 말을 이해하고 표현하는 영역은 알려져 있지만 구체적으로 생각이 말로 바뀌는 과정을 밝힌 것은 처음이다. 1865년 프랑스 의사 피에르 폴 브로카는 언어 생성을 관장하는 대뇌피질의 특정 영역을 발견했다. 훗날 과학자들이 브로카 영역이라고 부르는 곳이다. 다른 뇌 연구와 달리 언어 영역은 동물 실험으로 알아낼 수 없다 보니 언어가 생성되는 과정은 좀처럼 풀리지 않는 미지의 영역으로 남아 있었다.미국 연구팀은 발작을 제어하기 위해 뇌에 전극을 꽂은 간질 환자에게서 실마리를 찾아보기로 했다. 환자에게 단어를 떠올리게 하고 시제나 단복수를 바꿔서 생각하게 한 뒤 밀리초(ms) 간격으로 뇌파를 측정해본 것이다.

연구진은 머릿속 생각이 말이 되기까지 최소 3가지가 넘는 복잡한 계산이 이뤄진다는 사실을 발견했다. 뇌가 외부 자극에 반응해 적절한 단어를 고르는 데는 0.2초, 문법에 맞춰 적절한 시제나 단복수를 결정하는 데까지 0.12초가 걸렸다. 여기에 발음을 결정하는 데 다시 0.13초, 입에서 소리를 내는 데 0.15초가 더 걸린다. 생각이 말로 바뀌는 데 합계 0.6초가 걸리는 셈이다.

▨ 꽉 막힌 생각을 뚫어라

'긴 것은 기차, 기차는 빠르다, 빠른 것은 비행기….'

연상(聯想)이란 이처럼 하나의 관념이 다른 어떤 관념을 불러일으키는 생각의 흐름이다. 연상력은 상황에 맞는 적절한 어휘나 이미지를 재치 있게 끄집어내는 능력을 말한다.

사람의 마음은 연상작용에 의해 작동한다. 한 항목을 파악하면 그 다음 항목이 마음의 연상에 의해 순간적으로 떠오르게 되는데 이 작용은 뇌세포가 이루고 있는 복잡한 그물모양의 궤적에 따라 일어난다.

두뇌는 신경세포들인 뉴런간의 네트워크로 이루어져 있고, 기억이란 새로운 지식, 경험 등이 기존의 지식, 경험들과 작용해서 어느 하나의 뉴런에 저장되는 것을 말한다. 그리고 이 새로운 기억은 연상 작용 네트워크를 더욱 치밀하게 만든다. 기억, 이해, 판단 등이 모두 연상작용 네트워크의 결과이고, 이 네트워크가 치밀할수록 깊은 정보로 자리 잡게 된다.

말을 할 때 무작정 주워섬기는 것 보다 공동의 관심사와 흥미를 유발하는 내용으로 연결시키는 방법이 청중의 귀를 붙드는 데 효과적이며, 말 잘하는 사람들의 공통점 중의 하나가 이러한 능력을 잘 활용하는 것이다.

에디슨은 어떻게 해서 수많은 발명품을 만들어 낼 수 있었을까? 이런 궁금증은 그의 사고의 측면을 통해 해독할 수 있다. 그것은 달리보기, 즉 생각의 유연성이다.

에디슨은 광석 파쇄기에 들어갈 새로운 부품을 설계할 때 엔지니어들이 세 각도에서 그려낸 도면을 48가지의 설계안으로 다시 그려냈다. 수없이 도면을 그려내며 그는 새로운 개념과 맥락을 찾아냈고 거기에다가 생명을 불어넣었다.

창의적 사고는 에디슨 시대에만 국한된 게 아니다. 오늘날 비즈니스는 물론 실득 커뮤니케이션의 수요 핵심 가치를 이룬다.

구글의 저 위대한 낙서를 보자. 구글 본사의 '구글 플렉스(Googleplex 구글 본사가 위치한 마운틴 뷰 지역을 달리 부르는 말)'에 쓰여 있는 화이트보드만 보아도 이 회사의 독특한 점이 한눈에 들어온다.

칠판에는 사소한 낙서부터 수학 공식, 제품 관련 아이디어, 만화 등이 그려져 있다. 칠판의 낙서들이 가득 차면 담당자는 이를 사진으로 찍어서 웹사이트에 올려놓는다. 아이디어의 표현, 추가·합성·통합·분리·재단·재결합·통섭·크로스오버 등은 범주가 없으며, 무경계이기에 자유롭게 넘나든다. 이것이야 말로 검색 엔진 회사가 산업 전 분야를 꿰는 원동력이 된 이유이다. 세계 인터넷 1위 기업은 이 모든 것이 하나로 뭉쳐 탄생한 것이다. 결국엔 사고의 유연성이자, 흐름이다.

그렇다면, 생각은 어떻게 막힘없이 흐르며 서로 통할까?

우리에게 친숙한 여류 작가 버지니아 울프의 작품을 보면, 그녀가 생각의 흐름을 따라가며 스토리텔링을 하는 모습이 엿보인다. '의식의 흐름기법'이라고 잘 알려진 창작법이 그것이다. 벽에 그려진 검은 점 하나를 보며 그녀의 의식은 물줄기처럼 흐른다. 그것이 박힌 못인지, 파리인지는 중요하지 않다. 요는 생각을 자유자재로 풀어 놓는 유연성이다.

의자에 앉아 10분간 정해 놓은 주제에 대해 떠오르는 모든 생각을 적어보자. 이상한 말이라도 좋다. 그러다 보면 이전에는 생각지도 못한 멋진 아이디어가 떠오를 수 있다. 마인드맵이란 게 이런 것이다.

아리스토텔레스 연상법
3가지

인간이 연상작용을 한다는 것은 고대 그리스 시대부터 이미 의식하고 있었다. 아리스토텔레스는 연상하기 쉬운 것을 반대, 접근, 유사의 세 가지로 분류하고 이를 '연상의 법칙'이라고 명명하였다. 예를 들어 '위라고 하면 아래(반대연상)', '산이라고 하면 강(접근연상)', '공하면 지구(유사연상)' 등이다.

- 반대연상 : 위-아래
- 접근연상 : 산-강
- 유사연상 : 공-지구

연상훈련은 누에의 입에서 나오는 액(液)이 고치를 만들듯이 말이 자연스럽게 이어지도록 도움을 줄 것이다. 반대, 접근, 유사연상을 활용하여 낱말을 이어가 보자. 팀을 이뤄 또는 가족들이 둥그렇게 둘러 앉아 다음의 3단계로 진행하는 방법도 있고, 혼자 종이에 적어보는 방법도 있다. 매 단계에서 1분 정도의 시간을 정해 그 시간동안 몇 바퀴를 돌았나, 또는 몇 개를 적었나 헤아려보면 집중도를 높이고 재미를 더할 수 있다.

▓ 1단계 자유연상

주제(자극어)를 제시하고 떠오르는 낱말(반응어)을 이어가도록 한다.

	질문	'공부'하면 떠오르는 낱말은?
예시	답변	고통-숙제-교과서-잔소리-시험-책…
연상하기	질문	'자동차'하면 떠오르는 낱말은? (1분 동안 몇 개나 떠올릴 수 있을까?)
	답변	

▓ 2단계 꼬리 물기 연상

첫째, 끝말잇기 : 책상-상자-자두-두더지-지식…

둘째, 의미연상 : 그 낱말을 떠올리면 생각나는 낱말로 이어가는 놀이이다.

예시	질문	'공부'하면?
	답변	'공부'하면-'우등생'하면-'상장'하면-'칭찬'하면-'감사'하면-'인사'하면-'웃어른'하면-'할아버지'하면…
연상하기	질문	'선풍기'하면? (1분 동안 몇 개의 낱말을 이어갈 수 있을까?)
	답변	

주제어(자극어)를 바꾸어가며 연상놀이를 해보라.

▓ 3단계 강제조합

"하나만 있는 것이 아니라, 언제나 그 짝이 있다"라는 말이 있다.

나침반과 양탄자는 원래 서로 조금도 관계가 없는 물건이다. 그런데 벨기에의 어느 상인은 뜻밖에도 이 두 물건을 합쳐서 큰돈을 벌었다. 나침반과 양탄자, 이 물건이 어떤 사람들에게 필요했을까?

이슬람교도들은 날마다 기도를 한다. 집에 있든 여행 중이든 상관없이 정해진 시간에 기도하기를 게을리 하지 않는다. 그런데 그 기도의 특징은 기도할 때 반드시 성전인 메카를 향해

야 한다는 것이다. 밴더 웨겔이라는 양탄자 상인은 이 점에 착
안해서 나침반을 양탄자에 끼워 넣었다. 이 나침반이 가리키는
건 동서남북이 아니라 바로 메카의 방향이었다.

상품이 나오자 이슬람교도 거주 지역에서는 날개 돋친 듯 팔
려 나갔고, 그는 큰돈을 벌었던 것이다. 강제조합을 상품에 적
용한 사례이다.

[예시] 나를 꽃에 비유한다면?

"나는 무궁화에 비유하겠다. 무궁화는 무궁무진한 꽃이다.
무궁무진한 능력을 갖고 있는 우리나라 민족을 상징하는 꽃
이기도 하다. 나는 말 잘하는 방법과 응용법에 대해 무궁무
진한 아이디어를 갖고 있다. 나를 꽃에 비유한다면 난 무궁
화 꽃이다."

이처럼 강제조합법은 주제와 힌트를 연결시키는 발상법이
다. 이러한 연상에 불을 지피려면 두 가지가 필요하다. 문제 상
황에서도 '재미있는데?'하고 떠올리는 웃음사고, 창의성의 도
구인 브레인스토밍 기법이다.

연상에 불을 지피는
브레인스토밍(brain stoming) 기법

주어진 시간 내에 많은 낱말을 떠올릴 수 있다는 것은 어휘력이 풍부하다는 얘기이다. 말이 막혔을 때 동원할 수 있는 얘깃거리가 다양하다는 증거이니까. 인간의 뇌는 연결고리를 만드는 일에 매우 능숙하기 때문에 무작위로 주어진 주제어조차 초점 영역과의 연결고리를 만들어낸다. 연상력을 높이고 싶다면 다음 네 가지 규칙을 적용하여 보라.

- 비판하지 말자   - 자유분방하게
- 질보다 양이다   - 결합하고 개선하자

브레인스토밍 기법이다. 일정한 시간 동안 두뇌에서 폭풍이 일어난 것처럼 몰아칠 때 연상작용은 날개를 단다는 원리이다. 1941년 미국의 한 광고대리점에서 처음 시작된 이 방식은 끊임없는 아이디어의 '연쇄반응'을 불러일으키기에 충분한 도구이다.

첫째, 비판하지 말자.

브레인스토밍에서는 파울들이 모여 홈런이 되기도 한다. 그런데 뭔가가 떠오르려고 할 때 '이것 말고', '저것 말고' 식으로 특별한 것만을 생각해내려다 보면 머리가 굳어버린다. 당연히 자유로운 연상이 방해를 받게 된다. 0.1%라도 씨앗이 있으면 OK하며 즐겁게 끄집어 내어보자는 것이다.

둘째, 자유분방하게

자유분방은 분위기 형성을 말한다. 규칙에 얽매이면 즐거움을 잃게 된다. 즐거움이 사라지면 두뇌 움직임도 멎는다. 브레인스토밍을 하는 이유는 자신이 갖고 있는 생각의 틀에서 벗어나 새로운 아이디어를 찾기 위해서다. 파리와 벌의 실험 사례가 교훈이 될 수 있다.

셋째, 질보다 양이다.

브레인스토밍의 기본 전제는 '양이 진화해서 질이 된다'이다. 많은 아이디어들 속에는 분명 보물 같은 아이디어가 숨어 있다. 그리고 별 볼일 없는 아이디어라고 해도 스스로 진화해 획기적인 아이디어로 변화하는 것들이 있다. 이것이 바로 브레인 스토밍의 기본원리이며 매력이다. 다다익선이다.

넷째, 결합하고 개선하자.

"창의적인 사람은 새로운 생각을 창조하는 게 아니다. 자신의 머릿속에 있는 생각을 새롭게 조합할 뿐이다." 브레인스토밍 기법을 제창한 알렉스 오즈번의 얘기이다. 어려운 일은 쉬운 일에서부터 시작되고, 큰일은 작고 사소한 일에서부터 시작된다. 처음 나왔던 낱말에 다른 낱말을 이어가고, 서로 결합하고, 편승하고 개선해나갈 때 연상 상승효과가 나타난다.

브레인스토밍은 팀 회의를 할 때 아이디어를 끄집어내고 문제해결을 하기 위한 도구이나, 개인의 연상력을 활성화시키고자 할 때, 또는 프로젝트 기획이나 발표 준비 과정에서도 요긴하게 활용할 수 있는 훌륭한 비서이다. 브레인스토밍을 개인생활에 적용시킬 수 있는 활용법을 알아보자.

1) 문제해결 : 문제해결을 위한 아이디어 개발 시, 종이에 문제의 주제를 적고 원인, 해법 등을 적어본다. 의외의 돌파구가 생길 수 있다.

2) 어휘력 개발 : 자유연상, 꼬리 물기 연상(의미연상 또는 끝말잇기) 등의 방법으로 어휘력을 개발하는데 요긴하다. 내 안의 잠자고 있는 낱말들에게 생명을 불어넣어준다.

3) 발표 준비나 기획 : 발표를 앞두고 있거나 프로젝트 기획 단계에서 먼저 주제를 종이에 적은 다음 브레인스토밍 네 가지 규칙에 의거, 떠오르는 생각들을 적는다. 이어 관계되는 내용끼리 묶어 순서를 정한다. 내 안의 잠재되어 있는 생각들을 자연스럽게 끄집어낼 수 있다.

재미있는 연상놀이
-생각을 생각하라

1976년의 일이다. 〈리더스 다이제스트〉지가 인구대비 상위 2% IQ 소유자들의 모임인 멘사(Mensa)라는 흥미로운 집단을 발견하고 이들로부터 퍼즐을 제공받아 몇 개월간 연재하였다. 퍼즐연재는 그 당시까지 3천명에 불과하던 회원 수를 10만 명 규모로 증폭시켜 놓았다. 비밀에 싸여 있던 멘사클럽이 퍼즐을 좋아하는 사람이라면 누구나 참여할 수 있는 대중적인 집단으로 탈바꿈하게 되는 계기가 되기도 했다.

일부에서 "머리 좋다는 친구들이 기껏 퍼즐이나 풀며 놀고 있다."라고 빈정대자, 멘사클럽에서는 "머리는 쓰면 쓸수록 유연해지는데, 인생에 문제가 매 순간 생기는 것은 아니다."라는 답을 내 놓았다. 퍼즐은 순수한 지적유희로서 충분한 가치를 가지고 있다.

우리들의 말이나 행동은 빙산원리이다. 긴급한 상황에서의 임기응변은 보이지 않는 빙산 아랫부분에서 평상시 어떻게 생각하고 행동했느냐에 따라 무의식적으로 나오는 것이다. 따라서 평상시의 연습과 훈련은 결정적인 시기에 결정적인 성과를 부른다.

"나는 천재가 아니다. 다른 사람보다 호기심이 많았고, 지적 탐구를 위한 모험을 즐겼을 뿐이다." 아인슈타인의 말이다.

연상력은 한순간에 얻어지는 것이 아니라 오랜 시간에 걸친 경험을 통해 길러진다. 남들이 당연하다고 생각하는 것을 다른 시각에서 보고 생각을 이어나가보는 것이 좋은 학습법이다.

스피치 스타는 넘치는 정보들을 엮어 한 단계 높은 가치를 만들어내는 사람이다. 상황이 주어졌을 때 기존에 알려진 방법으로 대응하는 것이 아니라 새로운 것을 추구하고 도전하는 자세가 필요하고 이러한 능력의 바탕에는 연상력이 있다. 연상놀이를 즐겨보자.

1) 달걀로 할 수 있는 일을 다양하게 적어보라.

2) 소와 나무의 공통점과 차이점을 찾아보라.

3) 전구와 보온병의 공통점은 무엇일까?

4) 사용하고 난 종이컵을 활용할 수 있는 방법들을 모두 적어보라.

■ 연상작용을 활용한 순발력 기르기

이상형의 이성이 눈에 들어왔다. 예쁘다, 잘생겼다 따위의 상투적인 표현만으로 아름다움을 모두 담아낼 수는 없는 일, 어떤 표현이 또 있을까?

곱다, 아리땁다, 어여쁘다, 꽃답다, 예쁘장하다, 우아하다, 사랑스럽다, 귀엽다, 멋있다, 훤하다, 준수하다, 잘났다, 눈이 서늘하다 쯤이 떠오른다.

'여름'하면 떠오르는 것은?

번개, 소나기, 다이어트, 갈매기, 계곡, 장마, 매미소리 들리는 나무그늘에서의 낮잠, 원두막, 반딧불, 팥빙수, 휴가 교통체증, 기차여행, 아이스크림, 반바지, 땡볕 아래 일하는 우리 엄마, 모기약, 대청마루, 수박서리, 미루나무, 불쾌지수, 땀띠, 여름보충수업, 전설의 고향….

스피치 스타의 일상이 되어야 할 자유연상법이다. 침을 뱉으면 뱉을수록 침이 더 고이는 것처럼, 아이디어는 남에게 이야기할수록 새롭게 생겨난다. 유연성과 연상력, 창의성을 생활 스피치에 접목할 수 있는 프로그램을 제시한다.

❶ 나만의 특별한 경험 이야기하기

자신의 생활 중에서 특별한 경험으로 기억되는 일을 즉흥적으로 소개하여 서로간의 정보를 자연스럽게 교환하는 방법이다. 이로써 자신의 생각을 말로 표현하는 기술을 익힐 수 있을 뿐 아니라 서로를 이해하고 공감하는 태도를 갖게 된다.

[연습] 성공담, 실패담, 잊을 수 없었던 사건이나 사람, 기뻤거나 슬펐던 일 등

❷ 주변에 널려 있는 테마를 정하여 1분 정도 이야기하기

[연습] 다음의 단어를 주제로 말해 보라

> 인생, 사랑, 죽음, 하늘, 계절, 선생님, 여행, 거울, 시계, 선물

❸질문으로 호기심 자극하기

[연습] 리더십이란 무엇이고, 리더십을 위해 필요한 자질을 5가지만 말해보라.

[연습] 자신만의 스트레스 해소법을 두 가지만 말해보라.

[연습] 우리 사회(교육, 정치, 경제 등)의 문제점 3가지를 적고 본인만의 해결책을 제시해보라.

유머지수를
높이자

스피치의 목적은 자기 생각을 다른 사람에게 알리는데 있다. 그러나 듣는 사람의 마음을 움직이지 않으면 안 된다. 설득력이 리더의 필수조건이라면 유머감각은 설득력의 원천이라 할 수 있다.

리더의 카리스마는 이미 구 시대적 유물이 되었다. 커뮤니케이션 능력과 함께 유연한 사고, 고정관념 탈피, 부드러운 표정, 유머능력이 바로 이 시대가 요구하는 리더의 기본조건이다.

유머능력이야말로 그 사람의 인격이요, 인품이요, 그릇의 크기를 재는 잣대이기도 하다. 현대인 누구나 재미있는 일에 미치고, 재미있는 강의나 설교에 빠지고, 재미있는 사람에게 취하기 때문이다.

어떤 사람이 유머지수가 높은 사람일까?

한 자리에서 유머를 다섯 개 이상 말할 수 있는 사람, 아는 유머라도 처음 듣는 것처럼 크게 웃을 수 있는 사람, 가족들과 하루 한 번 이상 웃는 사람, 웃는 얼굴이 잘 어울리는 사람, 언제든 재미있는 이야기로 누군가의 기분을 바꾸어줄 수 있는 사람, 꿈에서도 웃는 사람이 유머지수가 높은 사람이다.

반대로 유머지수가 낮은 사람들의 대체적인 특징은 다음과 같다.

모든 책임을 남에게 미룬다, 열등의식과 자기비하에 빠져 있다, 삶의 목표가 없다, 쉽게 포기한다, 과거에 지나치게 연연한다, 독창력이 없이 남의 흉내만 내려한다, 무계획적인 생활을 한다, 삶의 지름길을 찾느라 많은 시간을 허비한다, 자신의 능력을 신뢰하지 않는다, 실패의 원인을 분석하지 않고 인정해버린다.

유머의 좋은 점은 첫째, 인간관계에서 윤활유와 같은 역할을 한다. 사람의 마음을 열어주어 누구와도 쉽게 친해질 수 있게 해준다. 한바탕 웃고 나면 마음의 무장이 해제되지 않는가.

둘째, 세상사를 긍정적으로 보게 해준다. 셰익스피어는 "세상에 좋고 나쁜 일이란 없다. 단지 우리가 그렇게 생각할 뿐이다."라고 했다. 그렇다면 유머는 세상을 좋은 쪽으로 보게 해주는 창구역할을 하지 않을까.

셋째, 건강을 선물해준다. 미국의 굳맨 교수는 "만약 사람들이 하루에 열 번만 웃을 수 있다면 지구촌 환자는 지금의 반수로 줄어들 것이다."라고 말했고, 미국의 듀크대학 의학부의 행동요법 연구소장 윌리엄스 박사는 '노기는 사람을 죽인다'라는 저서를 통해 화를 잘 내는 사람은 낙천적인 사람에 비해 50세

이전에 죽는 확률이 5배 이상 높다고 했다. 최근에 발행된 프랑스의 보건 전문지 '상태'에서도 의사들이 꼽는 가장 좋은 약은 웃음이라고 밝혔다.

무엇보다 뛰어난 유머감각을 지닌 사람은 언제 어디서 무슨 일이 닥쳐도 유연하게 대처할 수 있다. 유머지수가 높은 사람은 한 마디로 잘 웃고 잘 웃기는 사람이다. 하지만 많은 사람들이 한탄한다.

"제가 말하면 안 웃어요."

"한 번 사용했더니 더 썰렁해졌어요."

이 세상에 거저 얻을 수 있는 것은 아무것도 없다. 유머를 능수능란하게 잘하는 것도 마찬가지다. 방법을 배워 훈련해야 한다.

웃음의 코드
두 가지

아인슈타인이 열차를 타고 가는 도중 기차표를 잃어버렸다. 차표를 찾는 그를 보고 역무원이 말했다.

"만나 뵙게 되어 영광입니다. 차표는 안 내셔도 됩니다."

하지만 아인슈타인은 여전히 차표를 찾는데 열중했다. 역무원이 계속 괜찮다고 하자 그가 말했다.

"차표를 찾아야 내가 어디까지 가려는지 알 수 있단 말이오."

사람들은 어쩔 때 웃을까?

쇼팬하우는 "우리가 추상적으로 생각했던 것과 현실사이의 불일치를 갑자기 파악했을 때 터져 나오는 것이 웃음"이라고 했다. 이른바 불일치 이론이다.

모나리자 미소할 때 '미소'의 반대말은?

'당기소'

'대통령 선거'의 반대말은?

'대통령 앉은 거'

'인생은 짧고 예술은 길다'를 네 글자로 줄이면?

'인생 예~술'

우월감 이론도 있다. 바보의 행동을 보고 웃는 현상이다.

우리는 잘난 면만 보이려 노력하지만 단점 없는 사람이 어디에 있겠는가? 누구나 단점이 있기 때문에 상대방의 드러난 단점에 동질성을 확인하고 마음을 여는 것이다.

순금은 도금을 하지 않는다. 있는 그대로의 모습이 인간적이다. 업무는 원칙에 충실해야하겠지만 인간관계에서는 때에 따라 못난 면도 드러내 보여줄 필요가 있다.

웃음의 반대는 뭘까?

울음이 아니라 스트레스다. 웃지 못하니까 스트레스를 받는 것이다. 철학자 괴테가 말하지 않았는가. "이해하면 모든 것에서 웃음의 요소를 발견한다."고. 머리가 말랑말랑하면 표정이 부드러워지고, 표정이 부드러워지면 머리가 잘 움직인다.

웃음의 코드를 활용해 재미있는 사람이 되는 세 가지 방법을 알아보자.

첫째, 잘 웃거나

둘째, 잘 웃기거나

셋째, 그도 지도 아니면 재미있게라도 보이거나.

재미있게 보이도록 노력하여 성공을 거둔 사람이 있다. 로빈 윌리엄스 주연으로 영화화되기도 했던 실존인물 '패치 아담스'다.

그는 광대 코를 달고 어린 암환자를 웃기고, 천사 날개 차림으로 말기 환자들에게 '죽음과 친해지는 법'을 권하는 괴짜 의사였다. 의료행위란 단순한 병과의 싸움이 아니라 웃음이 치료에 긍정적 효과를 준다는 자각이 튀는 행동 뒤에 숨어 있었다.

그는 12년간 1만 5천명 이상의 환자들을 대상으로 무료치료를 했으며, 버지니아에 게준트 하이트 병원을 개원했을 때 1천여 명의 의사가 자진합류하기도 했다.

웃음사고를 병원 운영에 접목한 결과는 놀랍다. 웃음이 면역력을 높여 환자들의 병 회복 속도가 빨라졌을 뿐만 아니라, '어떻게 하면 환자들을 재미있게 해 줄까?'를 생각하고 적용하다 보니 수십 년 동안 단 한 건의 의료 사고도 없었다.

사람은 비가 올 때 이를 잘 모을 수 있는 깔때기형 인간과 폭우가 쏟아져도 모을 수 없는 빨대형 인간으로 나뉜다. 어느 쪽이 바람직한가.

최근 많은 학자들로부터 웃음과 건강의 상관관계가 속속 밝혀지고 있다.

"몸 전체는 물론 내장까지 마사지하여 어떤 불치병도 치료한다, 웃을 때 분비되는 '인터 감마메'라는 호르몬은 관절염 치료약으로 최고다, 암 잡는 'NK세포(자연살상세포)'가 3배 이상 강해지고 한 번 웃으면 12시간 지속된다, 크게 웃을 때마다 몰핀보다 300배 강한 '엔케팔렌'이라는 호르몬이 나오는데 이것은 억지로 웃어도 분비된다…."

　정리를 해보자. 왜 웃음사고인가? 부드러운 것이 강한 것을
이기기 때문이다. 웃고 나면 마음 문이 열리고, 개인과 조직에
건강을 선물하기 때문이다. 웃음, 즐거움, 명랑함은 모든 것의
어머니다.

유머능력을 기르는 3단계 방법

유머능력을 기르기 위해서는 어떻게 해야 할까?

첫째, 우선 당신의 웃음과 유머감각에 대한 재고조사를 해 보라.

즉 하루 동안 몇 번이나 웃는지, 사람들과의 대화에서 당신이 어떤 유머를 사용하는지, 그리고 어떤 상황에서 가장 잘 웃게 되는지를 면밀하게 살펴 보라.

유머에도 여러 가지 유형이 있다.

자신만의 장점개발을 위해 당신의 유머감각 재고조사가 필요하다는 것이다.

둘째, 세상에는 수많은 예(art, 藝)가 있지만 모든 '예'의 기본은 본받음(벤치마킹)으로부터 시작한다.

다시 말하면 좋은 예를 배우고 본받아 자신의 예를 구축해 가는 것이다.

이야기도 그와 마찬가지여서 재미있게 말하는 사람의 '기술'을 받아들여 흉내내는 것부터 시작할 수밖에 없다.

유머능력을 기르는 방법 3단계를 소개한다.

▨ 1단계 : 현상이나 낱말을 뒤집어본다

고정관념을 버리고 모든 것을 거꾸로 생각해보자는 것이다.

웃음은 대개 어떤 말이나 현상을 뒤집거나 바꾸는데서 자연스럽게 터진다.

- 키가 아주 '무겁다'

- 조용히 좀 떠들어!

- 노총각의 한 마디, 일찍부터 결혼식 '주례'를 많이 봐주었더니 정작 30을 넘긴 나는 아직도 총각신세! (사실은 주례가 아니라 사회겠지)

- 산토끼의 반대말에는 뭐가 있을까?

  끼토산, 집토끼, 판 토끼, 죽은 토끼, 바다 토끼, 알카리 토끼...

▨ 2단계 : 메모를 하자

희미한 붓글씨가 뛰어난 기억력보다 낫다.

재미있는 이야기일수록 듣는 순간 잊고 만다.

웃음과 함께 뇌 세포의 기억회로가 게을러지기 때문이다.

배꼽 잡는 유머를 듣고 정작 다른 자리에서 써먹으려고 하면 가물가물해져서 난처한 경우를 경험한 적 없는가? 이럴 때 특정 어휘 한 두 개만 메모해두어도 보물창고에서 보물을 꺼내듯 유머보따리가 자연스럽게 풀릴 것이다.

▨ 3단계 : 자꾸 써먹자

이 세상에 공짜는 없다. 훈련 없이 숙달되는 것은 이 세상에 하나도 없는 법. 가족에게, 친구들에게, 직장 동료에게 똑같은 유머라도 사람을 바꿔가며 새로운 기분으로 해보자. 남을 즐겁게 하는 방법을 배우는 연습이야말로 이 세상에서 가장 가치 있는 훈련이다.

연습하는 과정에서 처음엔 어색할 수도 있다. 유머가 끝났는데도 썰렁한 분위기라면 "이상 썰렁한 유머였습니다."라고 멋쩍게 얘기 해 보라. 그 때 웃음이 터질 수도 있다.

타인을 움직이는
설득의 비밀

▓ **설득의 달인에게 배운다**

한국에 무려 15만 명의 생명보험 설계사가 있다. 그 많은 사람들이 거의 비슷비슷한 보험 상품을 팔고 있다. 과연 그들 중 잘 파는 사람들은 어떤 경쟁력을 갖고 있는 것일까?

고대 그리스 철학자 아리스토텔레스는 설득의 3요소로 에토스, 파토스, 로고스를 꼽았다.

첫째, 에토스(Ethos)는 인격이다. 명성이나 신뢰, 호감, 인품이다. 설득 과정에 60% 정도 영향을 미친다.

둘째, 파토스(Pathos)는 감정이다. 감성, 연민 등으로 정서나 감정을 자극해야한다는 것이다. 설득에 30% 정도 영향을 미친다.

로고스(Logos)는 논리다. 내용, 공정성, 근거 제시하기다. 설득에 10% 정도 영향을 미친다. 에토스-파토스-로고스, 그리고 다시 상대방이 마음을 바꾸지 않도록 신뢰감을 형성해야 한다. 이것이 아리스토텔레스가 얘기하는 설득의 순환과정이다.

많은 사람들이 '설득'하면, 상대를 이기고 내 논리를 관철시키는 거라고 생각한다. 그러나 그건 내가 이기고 상대가 지는 'Win-Lose'의 상황이다. 승패의 상황이요, 자신만 이익을 보겠다는 사기꾼의 마음이지 설득의 상황이 아니다. 성과가 지속되지 못한다. 제대로 된 설득은 'Win-Lose'가 아니라 'Win-Win'으로 접근해야 한다. 상대를 꺾고 마음을 움직이는 날카로운 비수가 아니라 내 뜻을 제대로 전달하여 이해시키고, 그렇게 하는 것이 상대에게도 도움이 되도록 돕는 협력이 되어야 한다.

▥ 5:1의 법칙을 활용하라

그렇다면 에토스 즉, 호감도를 높이기 위한 방법은 무엇일까?

존 고트먼 박사는 미국 매사추세츠공과대학(MIT)에서 수학을 전공한 뒤 심리학으로 박사학위를 받은 사회심리학자이다. 고트먼 교수는 행복한 관계를 유지하려면 긍정적인 말을 부정적인 말보다 다섯 배 정도 더 많이 해야 한다고 주장한다.

그는 700쌍 이상의 부부들을 관찰해 이 사실을 확인했다. 15분씩의 비디오 촬영을 통해 부부들의 대화 내용 및 태도를 분석한 결과 행복한 결혼생활과 이혼 여부를 결정짓는 변수를 찾아낸 것이다. 그것은 바로 부부간에 주고받는 긍정적인 대화와 부정적인 대화의 비율이었다.

금슬이 좋은 부부들은 비난이나 무시, 경멸과 같은 부정적인 발언이나 태도를 한 번 하거나 보였다면 격려나 칭찬과 같은 긍정적인 표현을 적어도 다섯 번 이상 하는 것으로 나타났다.

반면 긍정적인 상호작용과 부정적인 상호작용의 비율이 5대 1 이하로 떨어지면 결혼생활에 금이 가기 시작해, 1대1에 가까우면 이혼에 이른다는 사실을 밝혀냈다.

한편, 상위 한계점도 존재한다. 긍정적인 상호작용과 부정적인 상호작용의 비율이 13대1 이상으로 올라가면 오히려 상황이 나빠진다는 것이다.

하지만 상위 한계점에 대해 걱정할 필요는 없다. 왜냐하면 대부분의 조직에서 긍정 대 부정의 비율이 놀라울 정도로 낮아서 상위 한계점을 걱정하기 보다는 현재 상태를 개선하는 것이 더 시급하기 때문이다.

노벨경제학상 수상자 다니엘 카네만은 "사람은 하루에 2만 번의 모멘트(moment, 순간, 찰나)를 경험한다."고 했다. 즉 4초에 한 번씩 우리는 누군가에게 영향력을 행사하며 살고 있다는 얘기이다. 단, 이때의 반응은 긍정 또는 부정만 있을 뿐, 그 중간 상태는 없다.

"행복한 관계를 유지하려면 긍정적인 말이나 행동을 부정적인 말이나 행동보다 다섯 배 정도 더 많이 해야 한다!"

존 고트먼 교수의 이 결론은 모든 인간관계에 접목될 수 있다. 호감, 신뢰감을 주어 상대방을 내편으로 만들 수 있는 기준이기도 하다. 곧 한 마디 충고하기 전후로 다섯 번 정도 상대방의 기분을 좋게 하는 언행을 했다면 그 충고는 먹혀들어갈 확률이 높다는 것이다.

▓ 감성으로 설득하라

미국 카네기멜론대 연구팀이 700여 명을 실험한 결과, 평균 지능이 높은 집단보다 구성원들이 돌아가며 발언하고 사회적 감수성이 높은 집단일수록 문제를 해결하는 비율이 높았다. 특히 여성이 많은 집단일수록 수행능력이 높았는데, 다른 사람의 생각이나 기분을 읽는 능력이 남성보다 크기 때문이다.

인간관계에서 감성이란, 상대방의 가려운 곳 긁어주기이다. 그러기 위해선 자신의 감정을 이해하고 조절할 수 있어야 하고, 나아가 상대방의 감정을 이해하고 내가 거기에 맞춰줄 수 있어야 한다.

상대의 마음을 움직인다는 것은 상대에게 이익을 주는 방법을 제안하는 것과 같다. 콜린 파월의 어린 시절 이야기다. 어느 여름날 아르바이트로 공장에서 마루 닦는 일을 했던 적이 있었다고 한다. 그는 사람들과 별로 어울리지도 않고 묵묵히 자기 일만 했다. 그 여름이 끝나갈 무렵 공장의 감독이 다가와 한 마디를 던졌다.

"얘야, 너는 정말 일을 잘하더구나."

아무리 열심히 해도 알아주는 사람이 없다고 생각했던 파월은 그 때 너무 놀랐다. 날아갈듯 기뻤고 하찮던 일이 너무너무 재미있어지기 시작했다.

그날 감독의 자신을 인정하는 칭찬 한 마디는 오래도록 뇌리에서 잊히지 않아 진급을 거듭하면서도 반드시 일 잘하는 부하들을 챙기는 습관을 갖게 된 계기가 되었다고 한다.

누구나 저마다의 관심사가 있다. 그 관심사를 알아주고, 이해 해주고, 질문하고 칭찬해주는 것, 물질적이든 정신적이든 이익이 된다고 느끼도록 해주는 것이 호감형 인물이 되는 방법이다.

내 방식, 내 기준, 원리원칙을 기준으로 말하는 것은 우둔한 사람, 생각 없는 바보도 어렵지 않게 할 수 있다. 가려운 부분을 긁어주되 상대방의 방식, 상대방의 기준, 상대방의 가치관에 맞춰 응대해 줄 수 있는 것이 감성이고, 서비스의 기본 매너이며, 이런 사람의 말이 결정적인 때에 결정적인 영향력을 발휘할 수가 있는 것이다.

연극에는 조연이 있다. 조연은 주인공을 위해 존재한다. 주인공과 연극을 이끌면서 주인공을 돋보이게 하는 역할이다. 우리는 자신의 인생에서 자신이 주인공이라고 생각한다. 그런데 자기 인생에서 주인공인 우리도 다른 사람의 인생에서는 조연일 뿐이다. 예를 들면 내 친구의 인생에서 나는 중요한 조연이다. 결코 주인공은 될 수 없다.

인간이란 이렇게 당연한 사실을 종종 잊고 산다. 나는 배우자의 인생에서 종종 내가 조연임을 잊어버린 채 주연인양 행세하지 않았던가.

'나는 네 인생에서 조연일 뿐이야…' 상대에게 화난 일이 있을 때 속으로 '난 이 사람의 조연이야 조연'이라고 주문을 외쳐 보라. 신기하게도 내가 그 자리에서 어떻게 처신해야하는지 깨달음이 올 것이다. 나는 내가 만난 모든 사람의 일부다. 너는 나의 숲이 되고 나는 너의 숲이 되자.

인간적 향기
만들기

교수모임 세미나 때 모 강사가 '커뮤니케이션은 스킬인가?'라는 주제로 강의를 한 적이 있다. 몇 년 전에 들었던 일이라 내용은 가물가물하지만 강의 주제만큼은 아직도 뇌리에 선명하다. 그 이유는 강의를 들은 이후로 이러한 질문을 나 자신에게 자주 던지곤 하기 때문이다.

'커뮤니케이션은 스킬인가?'

마음 문이 닫히면 스킬이나 논리는 전혀 먹혀들지 않는다는 게 나의 결론이다. 평소의 우호적인 인간관계가 중요하다. 어떤 점에 신경을 써야할까?

첫째, 가르치려 들지 말라.

학교 선생님들은 쉽게 표가 난다. 그 이유는 말끝마다 상대방을 가르치려드는 경향이 나타나기 때문이다. 이것은 수사관이 모든 사람들을 의심하고, 안전요원이 매사를 부정적으로 보는 것과 같은 이치다. 지극히 자연스러운 현상일 수도 있다.

벽돌처럼 튀는 말이 있고, 스펀지처럼 스며드는 말이 있다. 청하지도 않았는데 누군가를 가르치려드는 말은 벽돌처럼 튀게 만든다. 작가 헤르만 헤세는 "진리는 그렇게 살아가는 것이지 가르치는 것이 아니다."라고 했다.

인간은 본능적으로 누군가에게 가르침 받는 걸 싫어한다. 셰익스피어도 "시계를 꺼내어 자랑하듯 학식을 꺼내 보이지 말라. 대신 누군가가 시간을 물어보면 조용히 시간만 알려주어라."라고 조언했다. 상대의 경청 태도가 갖춰지지 않은 상태에서 가르치려드는 일은 마음 문을 닫게 할 뿐이다.

둘째, 좋은 면을 알려 주어라.

얼마 전 고등학교 동창회 석상에서 벌어진 일이다. 몇 년 동안 나오지 않던 동창 한 명이 얼굴을 비췄다. 저쪽에서 무리지어 앉아 있는 우리 자리로 다가오며 악수를 청했다. 내 옆에 앉은 친구 한 녀석이 첫마디를 이렇게 건넸다.

"얼굴에 주름이 뭐야? 그 사이 왜 이렇게 팍 늙어버렸나?"

이어서 건넨 나의 한 마디.

"사람이 참으로 중후하게 변했군!"

늙어버렸다는 친구의 말에 얼굴이 일그러졌다가 내 말을 듣고 나선 얼굴이 환하게 펴지며 반색을 한다.

또 다른 사례 하나.

월요일 아침, A라는 직원이 출근하자 세 명이 미리 약속하여

A에게 한 마디씩 건넸다.

첫 번째 사람, "자네 어디 아파? 안색이 안 좋은데?"

두 번째 사람, "어제 잠을 못 잤나? 기운이 하나도 없어 보여!"

세 번째 사람, "이런, 병원에라도 가봐야 하는 거 아니야?"

반대로 며칠 동안 감기를 앓다가 출근한 직원에게 이렇게 말했다면 어떨까?

"얼굴이 너무 맑아졌어. 동안이 되어 나타나셨구먼!"

탈무드에서도 허용하는 거짓말 두 가지가 있다.

'이미 사서 바꿀 수 없는 물건은 잘 샀다고 해주어라.'

'이미 결혼해서 살고 있는 친구의 부인은 예쁘다고 말해주어라.'

있는 그대로, 진실을 알려주는 것이 반드시 말을 잘하는 것은 아니다. 눈치가 있어야한다. 이 세상의 모든 물질은 아무리 얇게 자르더라도 결국은 양면이 있는데, 사람도 마찬가지다. 부정적인 면, 긍정적인 면 중에 마음 문을 열게 하는 말, 호감형 인간으로 변신하는 말, 그것은 상대방의 좋은 면을 거론하고 알려주는 것이다.

셋째, 나보다 불행한 사람에게 나의 행복을 말하지 말라.

세상에 절대적인 행복도, 절대적인 불행도 없다. 행복은 비교에서, 불행도 대개 비교에서 온다. 우화작가 이솝도 '불행한 사람들은 자기보다 더욱 불행한 사람들을 보고 위안 받는다.'

고 하지 않았는가.

행복한 사람은 불행한 사람의 입장을 생각하지 않는 경우가 많다. 그 대표적인 경우가 바로 나보다 불행한 사람에게 나의 행복을 말하는 것이다.

모든 사람의 행복은 다른 사람의 불행 위에 세워진다지만, 불행한 사람을 비웃지 말라. 자기의 행복이 영원한 것이라고 누가 장담할 것인가.

에필로그

행동변화를 위한 전략

어떤 책은 맛만 볼 것이고, 어떤 책을 통째로 삼켜버릴 것이며,
또 어떤 책은 씹어서 소화시켜야할 것이다

_베이컨(영국의 정치가)

　교육학자 페스탈로치가 한 소년과 함께 길을 걷다가 큰 웅덩이를 만났다. 소년이 건너뛰기에는 폭이 넓은 편이었다. 페스탈로치가 먼저 웅덩이를 뛰어 넘고는 소년에게 말했다.

　"건널 수 있겠니?"

　소년이 두려움이 담긴 눈빛으로 페스탈로치를 바라보며 고개를 저었다. 페스탈로치가 다시 말했다.

　"어때? 그냥 아이로 있을래, 아님 건너 뛰어 어른이 될래?"

　소년은 잠시 망설이더니 훌쩍 웅덩이를 뛰어 넘었다. 그러자 페스탈로치는 소년의 등을 두드려주며 말했다.

　"생각을 행동으로 옮기는 것, 그것은 아무나 할 수 있는 일

이 아니란다. 너는 어른도 해 내기 어려운 일 한 가지를 지금 막 해낸 거야."

스피치 스타 입문서를 일독한 당신에게 축하의 박수를 보낸다. 이제는 지속적으로 성장하여 파워를 키워나가야 할 단계이다. '교육하다(Educate)'는 말은 라틴어의 'Educo(욕망)' 즉, '안에서부터 끌어낸다'는 말에서 파생되었다. 이것은 '사용의 원리를 통해 성장을 도모한다'는 뜻이다.

성공한 사람들의 공통된 비결은 끊임없이 공부한다는 것이다. 천하의 공자도 모르는 것이 있으면 주제를 가리지 않고 다른 사람들에게 거리낌 없이 묻곤 했다.

어느 날 공자가 노나라 종묘에 제사를 지내러 가는 길에 갑자기 궁금한 것이 생겼다. 그래서 사람들을 붙잡고 자꾸 물었다. 그러자 누군가가 별 걸 다 묻는다며 핀잔을 주었다. 공자는 그 얘기를 듣고 이렇게 말했다.

"모르는 것을 알 때까지 묻는 것은, 내가 예를 아는 방법이오."

스피치 스타가 되기 위한 4단계 성공 사이클이 있으니, 그것

에필로그

은 '태도-지식-반복-습관'이다. 습관이란 환경에 대한 자동적인 반응을 말하는데, 분명한 것은 두껍게 덧칠하는 페인트처럼 좋은 습관만이 나쁜 습관의 자리를 메울 수 있다는 것이다. 작은 것부터, 할 수 있는 일부터 진행하다보면 큰일도 이루어낸다. 혼자서도 연습이 가능한 세 가지 스피치 훈련법을 소개한다.

▓ 낭독 훈련

굳이 '훈련'이라는 어휘를 사용하는 것은 연습을 거듭하는 만큼 효과가 두드러지기 때문이다.

신문 사설과 칼럼은 정보의 보고이다. 3개의 글을 한 번씩 읽는 것보다 하나의 글(사설이나 칼럼)을 택해 3번 정도 소리 내어 읽도록 한다. 듣고 있는 사람이 최소 10명 정도는 된다고 생각하라. 소리를 30미터 멀리 보낸다는 생각으로 읽으면 목소리가 카랑카랑해진다. 하루 10분 투자로 거둘 수 있는 낭독훈련의 효과를 알아보자.

[말의 속도조절 능력이 생긴다.]

글을 읽을 때와 말할 때의 말투는 똑같이 나타난다. 따라서 낭독 훈련은 스피치 실전에서 호흡과 말의 속도조절 능력을 배양시켜 준다.

[뇌 움직임을 활성화시켜준다.]

인간의 기억력은 자극하는 감각이 많을수록 좋아진다. 낭독을 할 경우 시각은 물론 소리를 낼 때 입술과 혀의 감각, 자기 목소리를 들을 때의 청각까지 자극받게 되므로 기억효과가 훨씬 높다.

[어휘력과 대화 재료가 풍부해진다.]

다양한 요리를 하려면 다양한 재료가 필요하듯, 말을 잘하려면 다양한 어휘의 섭렵은 기본이다. 연상력이 부족하거나 말을 더듬는 경우도 어휘력 부족이 문제인 경우가 많다. 어휘력을 늘리는 방법은 두 가지, 독서와 듣기이다. 너무나 쉽지 않은가.

에필로그

▒ 거울 앞 발표

읽은 내용의 줄거리나 느낀 점을 1분 동안 말해보라. 얘기할 때 두 발은 안정적으로 버티고 서 있는지, 자연스런 눈 맞춤이나 유연한 제스처가 가능한지 살펴보라. 말하면서 고개를 흔들지는 않는지, 시선을 회피하지는 않는지, 몸을 흔들거나 손을 쥐었다 폈다 하는 행동 등을 파악하라. 자신에 대해 아는 것이 발전으로 가는 첫 걸음이다.

나의 모습은 '남들에게 보여 지는 나'와 '내가 생각하는 나'가 있다. 스스로를 알고, 자연스럽지 못한 태도나 행동을 찾아 하나하나 교정해나가는 것이 이 트레이닝의 목적이다.

다음은 〈성공의 법칙〉이라는 저서를 통해 맥스웰 몰츠 박사가 들려주는 얘기이다.

"유명한 한 개그우먼은 내게 말하길 그녀의 초기 시절에 둥글게 배치한 3개의 전면서울 앞에서 혼자 완전히 발가벗은 채로 연습했다고 한다. 그녀는 발가벗은 모습이 가장 상처입기 쉽고 무방비로 노출되었다고 느껴질 것이라 생각했다. 거울에 비친 자신을 바라보며 환한 방에 나체로 서서 전혀 흐트러지지 않은 모습으로 자기만의 독특한 동작을 연출해낼 수 있다면, 관중 앞에서 옷을 다 차려입은 채로 연기하는 것쯤은 식은 죽 먹기보다 쉬운 일이었기 때문이다. 그녀는 자신만이 할 수 있는 '안전'한 연습을 심적 부담을 떨쳐버리는 기회로 활용했다. 결국 그녀는 가장 성공한 개그우먼이 되었다!"

'결국 나의 천적은 나였던 것이다.'

조병화 시인의 이 한 줄짜리 시는 천 줄짜리 서사시보다 오래 읽힌다. '적!' 하는데 그 적은 바로 내 안에 있다. 나 자신만 극복할 수 있다면 두려움에서 벗어날 수 있다. 자신감이라는 말은 곧 스스로를 믿는다는 말이 아니던가.

유명한 빌리 그레이엄 목사도 진짜 신도들 앞에서 설교할 수 있기 전까지 플로리다의 늪지대에 있는 커다란 나무 앞에서 연습을 했다. 대부분의 스피치 대가들은 다소 차이가 있기는 하지만 이와 같은 방법을 사용했다.

아동정신분석학자인 안나 프로이트는 "나는 언제나 나의 바깥에서 힘과 자신감을 찾았지만, 그것들은 항상 나의 내부에 있었다."고 했다. 자신감은 익숙함에서 오고, 우리의 뇌는 들을 때보다 말할 때 더 많이 움직인다고 한다. 인생은 하나의 실험이다. 자기에게 투자하는 시간을 갖고 스스로 성장하는 모습을 확인하라. 실험이 많아질수록 우리는 더 좋은 사람이 된다.

▌생활공간을 연습 무대로

거울 앞 연습과 병행하여 일상에서 만나는 모든 사람들을 나의 트레이닝 파트너로 생각해 보라. 다음은 가수 '비'가 했던 말.

"나는 언제 어느 곳에서든 노래를 부르는 게 똑같답니다. 왜냐하면 내가 노래하는 그 장소가 바로 나의 무대이기 때문이지요."

스피치 공부는 자기주도 학습이 필수인 만큼, 나설 기회가 있을 때 적극성을 발휘하는 태도가 중요하다. 지혜는 보고 들어서 얻고, 기회는 표현해야 생기지 않겠는가.

듣기 50점, 말하기 50점으로 소통능력 점수를 배분하여 체크해보라. 화려한 결과에는 언제나 지루한 노력이 필수, 자신감은 개발되어지는 것이다.

참고문헌

- 이계진/아나운서 되기/우석출판사/1995
- KBS아나운서실/바른말 고운말/(주)대교출판/1998
- 김양호·조동춘/화술과 인간관계/시몬문화사/1998
- 정연아/성공하는 사람에겐 표정이 있다/명진출판/2002
- 전영우/토론을 잘하는 법/거름/2003
- 우에노 나오키·신금순/5분만에 목소리가 좋아지는 책/넷서스북스/2002
- 김진배/유머화술/도서출판 무한/1999
- 원종배/자신의 생각을 잘 표현하는 아이로 키워라/아이북
- 박영찬/성공적인 카네기 리더십/모아북스/2002
- 윤치영/나를 가장 잘 표현하는 사람이 성공한다/책이있는마을/2001
- 노만 V. 필·황국산/하나뿐인 나의 인생, 최고로 살기 위해서는/좋은글사/1992
- 김승용/성공하는 사람들의 화술 길라잡이/씨앤지/2001
- 최염순/명언과 명시/카네기 연구소/1993
- 유성은/CEO의 리더십과 창조적인 시간관리/평단문화사/2001
- 사쿠라이 히로시·김성일/사람의 마음을 움직이는 기적의 화술/시대의 창/2001
- 민영욱/성공하려면 말부터 바꿔라/한비 미디어/2000
- 김양호/성공하는 사람은 생각이 다르다/한림원/2002
- 편기범/식사 축사 주례사 참고서/출판사 석필/1998
- 오시마 준이치·김길연/머피의 성공방법 100가지/청림출판/2002
- 강헌구/아들아, 머뭇거리기에는 인생이 너무 짧다/(주)한언/2001
- 이상헌/성공동네 사람들/서지원/1996
- 이정숙/준비된 말이 성공을 부른다/(주)가야 미디어/1998
- 용혜원/30초 성공학/민예원/2001
- 최윤희/당신의 위대한 힘을 꺼내라/현대문학북스/2002

- 유성은/이순신 장군의 리더십/평단문화사/2001
- 유철종/고정관념을 바꾸는 10가지 교훈/NTD 오디오북
- 제리 민친톤·장홍석/잘나가는 사람, 생각이 다르다/북뱅크/2003
- 용혜원/행복을 만드는 웃음보따리/양피지/1999
- 한겨레신문/2004. 1. 19/PP.33
- Joe A.Harding and Ralph W. Mohney/Vision 2000 : Planning for ministry into Next Century/Discipleship Resources/1994
- Paul J. Meyer, op. cit
- 칩 히스·댄 히스 지음, 안진환·박슬라 옮김/스틱/웅진윙스/2007
- 김영호 지음/1%의 아이디어가 인생을 바꾸어 놓는다/한국출판미래연구소/2006
- 이지훈 지음/혼창통/샘앤파커스/2010
- 이덕희 지음/신바람 학습법/도서출판 한비미디어/2004
- 티머시 골웨이 지음, 최명돈 옮김/이너게임/오즈컨설팅/2006
- 맥스웰 몰츠 지음, 공병호 옮김/성공의 법칙/비즈니스북스/2006
- 미츠오 코다마 지음, 김영숙 옮김/우뇌 트레이닝/현대미디어/2006
- 노구치 요시아키 지음, 김윤수 옮김/3의 마법/다산라이프/2009
- 야스코치 테츠야 지음, 최대현 옮김/쉽게 가르치는 기술/두리미디어/2008
- 김태옥 지음/1% 리더만 아는 스피치 트라이앵글 법칙//미래지식/2014
- 빅터 프랭클 지음, 이시형 옮김/죽음의 수용소에서/청아출판사/2005
- 이영직 지음/세상을 움직이는 100가지 법칙/스마트비즈니스/2009
- 최인철 지음/프레임/21세기북스/2007
- 류석우 지음/세계 최고의 명강사를 꿈꿔라/씨앗을 뿌리는 사람/2004
- 스즈키 요시유키, 이서연 옮김/자기 대화력/다산라이프/2008

스타들의
스피치

초 판 발 행 일 | 2016년 3월 25일

지 은 이 | 배정희
펴 낸 이 | 배수현
디 자 인 | 박수정
제 작 | 송재호

펴 낸 곳 | 가나북스 www.gnbooks.co.kr
출 판 등 록 | 제393-2009-000012호
전 화 | 031) 408-8811(代)
팩 스 | 031) 501-8811

I S B N | 979-11-86562-24-6